グレートリセット後の世界をどう生きるか

激変する金融、不動産市場

長嶋 修

Nagashima Osamu

小学館新書

はじめに

本書は、これからの未来を予測する本です。

お気づきの方も多いかと思いますが、私たちは現在、既存の体制や価値観体系が崩壊し、新たな体制へと移行する歴史的な大転換期のまっただ中にいます。本書は、そんな時代の変化を読み解き、来るべき未来への布石を打つための指南書です。

私たちは今後、旧来型体制の崩壊、ＡＩやロボットの台頭、金融システムの変革、そしていつ起こってもおかしくない大規模な天災地変といった経験したことのない出来事に次々と直面していくでしょう。これらの変化はすでに、私たちの生活、仕事、さらには人間関係にも大きな影響を及ぼしていますが、本格的な転換はまだ始まったばかりであり、まさにこれから数年間にわたる大きな山場を迎えようとしています。

本書では、これから先の不動産・経済市場の未来、金融システムと社会の変化、投資と個人の成長、新しいコミュニティの価値などについて幅広く論じていこうと思いますが、具体的には次のようなテーマを構成の柱に考えています。

既存体制と価値観の崩壊

私たちを取り巻く従来型の社会体制は今、大きく変わろうとしています。これまでは自明のものとしてきた、あらゆる常識や価値観が今、音を立てて崩壊中であることを、日ごろのニュースなどを通じて私たちは目撃しています。これはやがて新体制に取って代わられるものと考えていますが、この過程で私たちのあり方も根本的な変化を求められることになります。具体的に何がどのように変わっていくのかを考察します。

金融リセットの予測と資産戦略

詳しくは後述しますが、現行の金融システムは根本的な欠陥を抱えています。賞味期限切れで、もはや持続不可能でしょう。したがって近い将来に大きな変革が起こることが予想されます。これには、国家財政の破綻や新しい金融システムへの移行が含まれます。また、金融リセットがもたらすであろう社会経済の変動に備え、個人がどのように対応し、資産を守り、さらには増やしていくかについて考察します。金融リセットまでの間、そしてリセット後、私たちの資産を守るためには、どのような投資戦略が有効なのでしょうか？不動産、株式、ゴールド、仮想通貨……それぞれの資産の特性を理解し、最適なポートフォリオを構築することが重要です。

個人のあり方の変化

ＡＩが台頭する新時代。私たちに求められるのは、ＡＩやロボットを創る側や所有する側になるか、あるいはそうしたテクノロジーに代替できない仕事のスキルを身につけることでしょう。そのためには、自分自身を成長させ、能力を高めることが重要ですが、どのような考え方ややり方で自分を成長させればいいのかを考察します。

新しいコミュニティの価値

新しい時代には、これまで一般的だった集団のリーダーを頂点にピラミッド型にまとまるコミュニティではなく、従来型の強いリーダーは不在ながらも共感する価値観で緩やかにつながる新しいスタイルのコミュニティが重要になると考えています。家族や職場の関係性も変化していくでしょう。新しい時代に素晴らしい人間関係を築き、よりよく生きるためには、具体的にどのようなコミュニティが求められるのか、実例を交えて考察します。

天災地変への備え

南海トラフなど広域の大地震をはじめ、これから直面するであろう天災地変。特に、昨今注目されている太陽の表面で大爆発が起こる「太陽フレア」の影響は計り知れません。大規模な天災地変に対する心構えと、災害により破壊的な影響を受ける社会の変化に適応するための心得を探ります。私たちは、いつ起こるかわからない災害に備え、物質的な準備と同時に、精神的な強靱さを身につけておく必要があります。

このように、これから訪れる社会の大変革や金融リセット、これらを総称して本書では「グレートリセット」と呼びたいと思いますが、来るグレートリセット後の不透明で不確実な社会に、私たちはどう対応し、生きていけばよいのか。これが本書のメインテーマです。

とはいえ、このような話をすると「不動産コンサルタントごときが何を言っているんだ」といった声が聞こえてきそうです。

前著『バブル再び～日経平均株価が4万円を超える日』（小学館新書）を2022年2月に上梓した当時、肝心の日経平均株価は2万6000円台をウロウロしていました。世間では株価見通しについて悲観論が蔓延し、その後もしばらく鳴かず飛ばずといった状態を続けていたため、一部からは

「予想が外れたではないか」

「責任を取れ！」

など多くの批判・非難をいただきました。誰に何の責任を、どのように取ればよいのか、よくわからなかったのですが。

しかしおよそ2年後の2024年3月4日、日経平均株価の終値は4万109円とつい

に初めて4万円の大台を突破しました。前著の出版から2年、振り返ってみると「日経平均株価は4万円を超え、不動産をはじめとするあらゆる資産価格がさらに上昇する」という当時の私の予測は、おおむね的を射ていたのではないでしょうか。

私が不動産業界にかかわってから30年以上が経ちました。さくら事務所という不動産コンサルタント企業やらくだ不動産といった不動産仲介企業を創業し、日本ホームインスペクターズ協会というNPO法人を立ち上げ、それぞれ運営にかかわってきました。

またテレビやラジオ・新聞・雑誌・ネットなどのメディア露出や出版・執筆活動を通じて不動産購入のノウハウはもちろん、多くの政策提言や社会問題・課題にも言及してきました。書籍としては本書が33冊目となります。

国交省・経産省の委員などを歴任することで永田町の政治や霞が関の官僚の世界に分け入って、多くの政策提言も行ってきました。ビジネスの世界においては、それなりに経験と実績を積み重ねることができたと思います。むろんこれは私の力ではなく、自分を取り巻く周囲のおかげであり、あるいはたんに運がよかっただけかもしれません。「運をよくするメカニズム」も科学的に考え実践し、失敗と成功を繰り返す中で、その法則性はおおむね理解できていると思います（その考え方や具体的な手法についてはYouTube『長嶋修の日本と世界の未来を読む』で発信しておりますが、ここでは割愛します）。

こうした活動と同時に、もうかれこれ35年近く、政治・経済・金融・歴史・哲学・宗教・科学といった幅広い分野について知見を広げてきました。

というのも私は、世の大人が言っていること、学校で教わったことやメディアが言っていることは、はたして本当なのかといった健全な懐疑心を子供のころから抱いており、本当のところ、この世の中とはどのようにできているのかを純粋に知りたかったためです。こうした長年の研究は仕事や人生に還元され、個人的にはそれなりに豊かな人生を送ることができています。

未来を読み解くのは、実はそんなに難しいことではありません。何も怪しい予言者のように、水晶玉をなでながら「んー、未来はこうなる！」みたいなお告げの力を発揮する必要もありません。

「未来」は「現在」と「過去」を踏まえて「全体の流れ」が成立します。したがってまずは、この世界の構造を正しく理解する現在の「現状把握」と、過去の「歴史的経緯の理解」が必要になります。この2つがわかれば、この大きな川の流れが今後どの方向に向かって流れていくのか、細かいところは別として、大筋をつかむことが可能です。おそらく、慣れてしまえば誰にでもできることだと思います。

私が世の中を読み解くカギとしているのが、この世界は様々な「幾何学構造」になっているということです。

「フラクタル構造」という言葉をご存じでしょうか。ひとつの部分を取り出してみると、それが全体と同じ相似形になって現れる自己相似性という構造のことです。自然界でもフラクタル構造は数多く見られ、身近なところでいえば六角形の雪の結晶や雲の形、樹木の枝分かれや葉の形などはフラクタル構造です。

アメリカの作家マーク・トウェインは「歴史は繰り返さないが韻を踏む」という言葉を残しています。「歴史において、過去と全く同じことが起こることはないが、類似したパターンが繰り返される」といった意味です。同じパターンで周回しながら元に戻ることはない、ＤＮＡのらせん構造をイメージするとよいでしょう。過去・現在・未来は相似形をなしており、歴史の過去・現在・未来も実は見事なフラクタル構造になっていることに気がつきます。

また、私たちの目には見えませんが、身の回りにある全てを構成している物質は「原子」で成り立っています。原子は中心にある「原子核」とその周囲を回る「電子」からできています。ところがこの原子の中身は実はスカスカで、原子を東京ドームに例えると原子核はその真ん中に置かれたパチンコ玉や一円玉くらいの大きさです。そして山手線の真ん中に置かれた野球のボールくらいの大きさが原子だとすると、かなり離れた山手線のあたりで電子が周回しているわけです。これはあたかも、太陽とその周りを回る水星や金星、そして私たちの地球などの惑星との関係、つまり太陽系とそっくりではありませんか？

太陽は銀河系の中心を周回しており、銀河系は宇宙の中心を周回しています。つまりは物質を構成する原子から宇宙に至るまでが見事にフラクタル構造になっているというわけです。太陽系の移動と各惑星の公転はあたかもＤＮＡのらせん構造のような軌道を描いて移動しています。

そして詳しくは後述しますが、「三極構造」も世の中の現象を読み解くにはとても便利な法則です。不動産市場の動向をはじめ、世の中の現象は15：70：15の三極分布の構造で説明できることが多々あります。

さらに歴史には周期性も見られます。この世には「陰陽30を合わせた60の法則」があるようです。ロシアの経済学者ニコライ・D・コンドラチェフは1927年、資本主義経済において世界的な50〜60年周期の物価と生産の長期波動が存在すると発表しました。イギリス、フランス、ドイツ、アメリカの過去140年間（1780〜1920年）の経済動向に関し、統計資料を用いて調べたところ、およそ60年周期で景気が上昇と下降を繰り返すという法則を発見しています。これが景気の長期波動説、世にいう「コンドラチェフの波」です。

コロナ禍が世界を席巻した2020年を起点に歴史を振り返ると、次のようになります。

・30年前（1990年）はバブル崩壊で失われた30年間で「陰」
・60年前（1960年）は戦後の高度経済成長期からバブルの絶頂までの30年間で「陽」

・90年前（1930年）は昭和大恐慌から第二次世界大戦と終戦混乱期の30年間で「陰」
・120年前（1900年）は日清・日露戦争に勝ち大国の仲間入りまでの30年間で「陽」
・150年前（1870年）は長く続いた江戸の常識が破壊され、明治維新後の混沌が続いた30年間で「陰」

この周期で行けば、2020年以降の30年間は「陽」の時代ということになります。
「1分60秒」「1時間60分」であるのも「1年12カ月」で60の約数であるのも「古代エジプトでは1年360日」で60の倍数であるのも、全てたまたまということではないでしょう。

このような話を初めて聞く人にとっては「何それ？」となるかもしれませんが、この世界には一定の周期性があります。宇宙や自然の至るところに幾何学構造が見え、歴史にも私たちのDNAにもらせん構造が見えるのは決して偶然ではありません。絵画などのアート作品に黄金比が採用され、私たちがそれを見て美しいと感じるのももちろん偶然ではないと思います。

このような構造に気がつくと、この世の構造や未来について格段に予想が立てやすくなります。ソクラテスを師に持ち、アリストテレスの師でもある古代ギリシャの哲学者プラトンが創設した学園「アカデメイア」の門には「幾何学を知らざる者、この門をくぐるべからず」と書かれていたそうです。

自身33冊目となる本書では、ある意味ここまでの私の人生の集大成として、当方の持てる知見のうち最も重要と思われるエッセンスを、読者の皆様にお届けします。

本書を通じて、読者の皆様には、不確実な未来に向けて自身を強化し、よりよい選択をするための知識と勇気を得ていただければ幸いです。私たちは、大変化の時代を生きており、その変化を恐れることなく、むしろ楽しむことができる力を身につけることが求められています。本書が、その一助となることを願っています。

長嶋　修

グレートリセット後の世界をどう生きるか　目次

はじめに……2

第1章 新築神話の終焉……21
見かけ倒しだった不動産バブル／魅力が減退した新築マンション
時代遅れの新築優遇策／新築住宅の「合成の誤謬」
進む街のコンパクト化／価値が維持、上昇する中古マンション市場
マンション価格上昇の理由は立地

第2章 激変する不動産の資産価値……41
日本の土地資産額は減少する／不動産の価値指標が変わる
価値を左右する自治体経営力／下落する災害地域
価値を高める建物の断熱性能／住みたくなる街とは／空き家の対処
空き家の賃貸化は損をする

第3章 ● 専門家は肝心な時に間違える……61

不動産市場を飛び交う謎の言説
コロナが明けたら、住宅市場に火がついた
揶揄された湾岸タワマンは、相場上昇／見えなかった破綻の兆し
お通夜の不動産市場で起こった不動産投資ブーム
専門家のワナ／感情が先、理屈が後
混乱期に飛び交う流言飛語／この世はゴミ情報であふれている
YouTubeで発言した予測／社会的事象は連関している
現在は冬、そして春が来る

第4章●現行金融システムの限界……91
お金そのものに価値はない／ゴールドにはなぜ価値がある？
ドルは下落し続けている／円とスイスフランが世界経済を支えている
無から有を生む銀行／誰かの借金が誰かの資産に
金利という無限膨張システム／台頭するＢＲＩＣＳ経済圏
もはや米ドルは覇権通貨ではない／テキサス州では新ドルを準備
ＦＲＢからの開放／その時、何が起きるか

第5章●金融リセット後の新しい世界……115
ガラッとモードが切り替わる／台頭するＡＩ
導入されるベーシックインカム／働かない人を雇用する必要がなくなる
必要がなくなる企業内福祉／活発になる地域の活動

第6章 ● 大変革期の資産戦略

大変革期の資産戦略……129
マイルドシナリオの場合／株は大化けの可能性も
ドラスティックシナリオの場合／新たな仕事のニーズ
「個性」「特性」を売る時代／3つに分かれる所得形態
ボーナスタイムがやってくる／マイナス思考は脳のクセ
とりあえずこの数年の資産戦略
不動産への投資／株式への投資／ゴールドへの投資／仮想通貨への投資
その他資産への投資／人やコミュニティへの投資
価値観でつながるコミュニティの誕生／デジタル縄文Village
突出したリーダーを創らない／自分への投資／直観力を磨く
自分自身をジャッジしない／天災地変に備える

おわりに……187

第1章

新築神話の終焉

見かけ倒しだった不動産バブル

それではまず、筆者の本業の一つである不動産市場の未来から見ていきましょう。今後はどうなるでしょうか。

結論を最初に言えばこうなります。

「1990年のバブル崩壊以降進行してきた不動産市場の三極化が、引き続き、よりコントラストを強める形で、少なくとも2070年くらいまで進行する」

図を見ていただければ一目瞭然ですが、前述した15：70：15の三極構造の法則は、不動産市場でも次のような三極化の現象として当てはまるのです。

・上位15パーセントに該当する不動産は、もし今「高い」と感じたとしても今後もその価値は落ちないどころか、一段の上昇

不動産市場の三極化

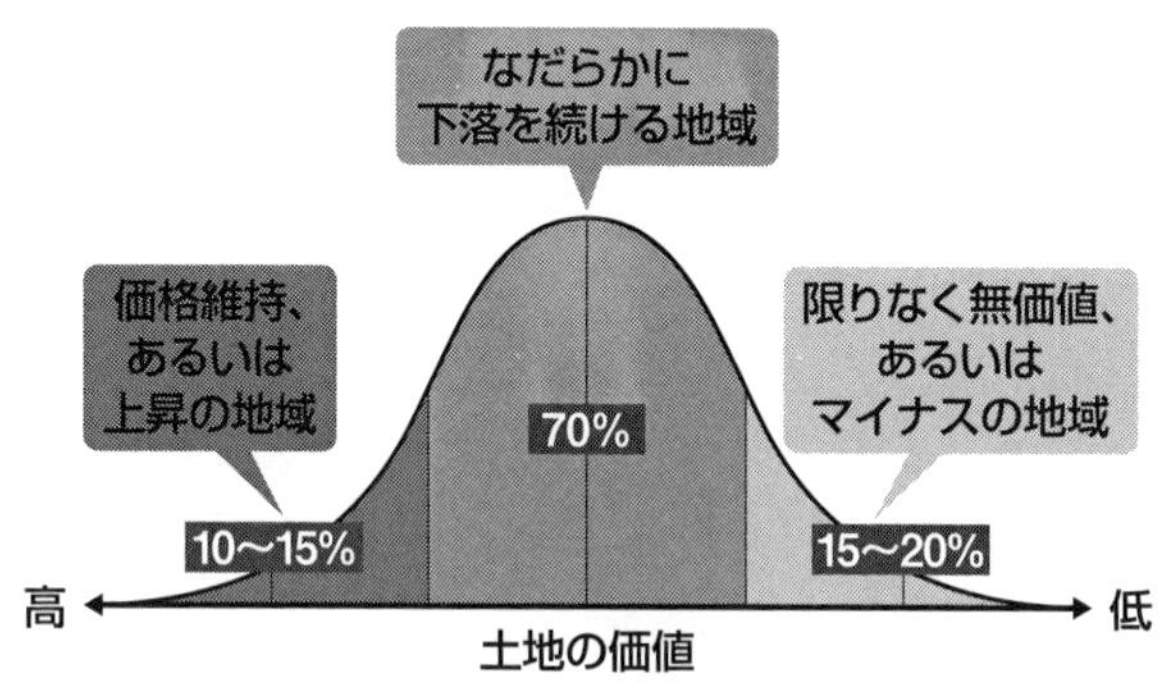

（出所）さくら事務所

上位15％にあたるのが、都心などの好立地物件。
中位の70％にあたるのが、都心周辺のベッドタウンなど。
下位15％にあたるのが、地方の徒歩圏外、過疎地域など。

・中位70パーセントはだらだらと下落し、その程度は立地などの要因により年率2〜4パーセントの価値低下を継続
・下位15パーセントは無価値あるいはマイナス価値に

つまり、この10年程度起きてきた現象が続くだけのことです。

このことは、2017年に上梓した『不動産格差』（日本経済新聞出版）ですでに指摘済みであり、ここまで実際その通りになってきました。今後も時間の経過とともにその傾向が極まるばかりで、2070年あたりまでこの三極化が継続すると考えてい

ます。

あまりにも単純明快すぎる結論に見えるかもしれませんね。

しかしここから、超高密度で、類書にはない角度と幅、奥行きで、本書を手に取ってくださったあなたに有用な知見をお届けしていきます。知的好奇心が強めの方はどんどん読み進めることができる一方で、直接的な答えやノウハウ「だけ」を知りたい方にはもしかすると向いていない書籍かもしれません。

本書はただの「不動産売買ノウハウ本」でもなければ「金融経済知識本」でもありません。そうした直接的な知識だけを求めている方には、おそらく本書は向いていません。

不動産売買の意思決定はもちろん、各種の投資行動、仕事をどうするか、ひいてはどのように生きるかを考える時、その前提となる「未来予測」は必須と言えるでしょう。

とはいえ昨今、世の中には何やらきな臭いニュースも飛び交っており、未来を明確に見渡せない不透明感に満ちています。

世間ではやれ不動産バブルだ何だと騒いでいますが、1990年バブル期における日本の土地資産総額はおよそ2000兆円だったところ、現在では約1000兆円と、実は半減しています。日本全体としては順調に縮んできたわけです。モノの価格が半分になるって、すごいことですよね。

要するにバブルと言われるのは、ほんの一部のお話です。2021年、首都圏の新築マンション市場が1990年の平均価格6123万円を超えたことで「マンション価格が90年バブル期超え」となり、メディアが大騒ぎをしました。

しかしその実態をよく見てみると、「都心・駅前・駅近・大規模・タワー」といったワードに代表される上位15パーセントに該当する高額マンションが大量に供給されている一方で、下位15パーセントの「都心から遠い・駅から遠い・築年数が古すぎる」といった条件に難のある中古マンションは相当のダンピング価格で取引され、あるいは取引すらままならない状況です。

そもそも首都圏の新築マンション市場は、ピーク時の2000年に9・5万戸の供給数、約3・8兆円の販売総額を誇っていたものの、現在の供給数は3万戸程度と激減し、販売総額も2・1兆円程度と大幅に縮小しています。

立地条件の悪い新築マンションが減少し、好条件マンションの供給がメインとなった昨今では、過去と平均価格「だけ」を比較しても無意味です。供給戸数や販売総額を見れば、新築マンション市場は実は典型的なデフレ産業だということがわかります。

魅力が減退した新築マンション

実はこの10年で新築マンションの魅力は大きく減退しています。

2002年における東京23区新築マンションの平均専有面積は80平米を超えていましたが、2023年には60平米台と、大幅に縮小しているのです。これは、およそ20年にわたる価格上昇の中で、グロス（販売総額）を上げないための、マンションデベロッパーの企業努力とも言えます。

インフレ時にお菓子の容量を200グラムのところ180グラムにして価格を据え置く、といった戦略と同様で、マンションの専有面積を縮め、天井高も低くすることで体積を縮小、同時にキッチンやユニットバスといった設備の仕様をグレードダウンするなどして、販売総額の上昇を抑制する試みです。

こうなると、ただでさえ価格が高く、しかも収納が少なくて、リビングや各居室が狭いうえに設備グレードまで陳腐化している新築マンションより、過去に供給された中古マンションの方が広くゴージャスで、相対的に魅力的に映ります。このことは各住戸に限らず、エントランスや廊下をはじめ各共用施設についても同様です。

またある程度立地を絞ってマンション購入を検討する場合、供給量が少ないため、そもそものエリアに新築マンションがないといった現象も昨今の新築マンション供給減の中ではよくあることです。

新築マンションは価格が高く、部屋は狭く、設備もチープで魅力がないうえ、供給数も少ないことから、代替的選択肢として中古マンション市場は大いに盛り上がり、リフォーム・リノベーション事業者も増加しています。住宅ローンと別途でリノベーション費用を現金で用意するか、信販系などの高金利・短期間ローンを利用せざるを得ないといった一昔前の状況から脱し、今となってはマンション購入費用+リノベーション費用セットではぼ全ての金融機関で一本化ローンを組めるようにもなり、中古マンション市場は活況を呈しているわけです。

時代遅れの新築優遇策

住宅市場において「日本は新築文化だ」などと言われ続けてきましたが、それは文化というようなものではなく「新築をたくさん造り、税制優遇などで買いやすくする国策があったから」そう見えていただけで、昨今の新築マンションのように供給が細ると、おのずと中古市場が活況を呈するわけです。

新築優遇策は、かつて戦後の高度経済成長期の圧倒的に住宅が足りない時代に、庶民の住宅ニーズを満たすためにできた政策の名残です。当時は田舎に仕事がなく、実家を継がない次男坊以下は東京をはじめとする大都市部に出て仕事を求め、都市近郊に住宅を求めるという行動様式が主流だったためと、そもそも人口増加局面であったため住宅の絶対量が足りなかったという事情があったからです。

この新築優遇策は、本格的な少子化・高齢化・世帯数および人口減少局面に入る現在においても、長らく政治と強く結びついてきた業界団体の強い要望もあり、ある意味既得権益的な形でだらだらと続いているわけですが、それでもさすがにもうそんなに新築が売れる時代ではなくなりつつあります。理由は主に3つあります。

1つ目。ピーク時に160万戸、このところ年間90万戸程度で推移している全国の新築住宅着工戸数はやがて40~50万戸へと、ここからさらに半減していくでしょう。理由は単純で、上述した通りまず「そもそもそんなにニーズがないから」。戦後の高度経済成長期を、労働と消費という2つの側面で支えてきたいわゆる団塊の世代（1947年~1949年生まれ）に比して現在の住宅購入ボリュームゾーン（30代中後半）の世代は、団塊世代の子供たちである団塊ジュニアよりもおよそ一回り下ですが、この世代は団塊世代の人口の半分程度。絶対的に需要が足りないのです。

新築住宅が売れなくなる2つ目の理由は「これまでのような新築優遇策は、日本の財政上いつまでも続けられないから」。補助金や助成金、住宅ローン控除や固定資産税減免などの税制優遇を含めた広義の住宅予算のうち、およそ半分を新築住宅が占め、残りを中古住宅や賃貸住宅、介護系などで分け合う構図はいかにもいびつであり、このようなアンバランスさは早晩解消されるでしょう。つまり新築が買いにくくなるということです。

3つ目には「建築費はさらに上がる可能性が高い」ことです。2020年に始まったコロナ禍で、またその後のインフレ傾向で建築費は25〜30パーセント程度上昇し、B to B（Business to Business 事業者間取引）における価格転嫁はおおむね行き渡りましたが、B to C（Business to Consumer 事業者から消費者）への価格転嫁はまだ終わっていません。

さらにはここから人件費の上昇が押し寄せます。長らく3K（きつい・汚い・危険）と言われた建設業界の現場は恒常的な人手不足で、若年層が手薄で高齢化も進む中、現場の大工さんの日当を相当程度上げないと人が集まらなくなりつつあります。正確には、数のうえでは足りるものの、まともな仕事ができる人を確保しようとすると、コストアップせざるを得ないということです。

新築住宅の「合成の誤謬」

都市郊外の徒歩圏外や地方では、しばしば2000万〜3000万円台の新築住宅が売れたりします。それは超低金利の住宅ローンを利用し、住宅ローン控除を加味すると、近隣で賃貸住宅を借りて賃料を払うより月々の支払いが安く上がるからです。

しかしこうした立地のニーズは昨今、「超」がつくほど限定的です。詳しくは後述しますが、共働き世帯が圧倒的多数となった現在、求められるのは駅前・駅近など利便性の高い物件で、また若年層であるほど自動車保有比率が低いという現状もあります。

自治体の経営上、そうした徒歩圏外の立地において「上下水道・道路・公園・橋」といったインフラ修繕をはじめ各種の行政サービスをまんべんなく提供するのは極めて非効率であるため、早晩「背に腹は代えられない」として、行政サービスは後回しにされるか、提供されなくなるでしょう。

もっと思い切って「人が居住できる都市計画」の定義から外される可能性も十分にあります。中長期的には、たとえ東京のような大都市であっても、街のコンパクト化を進め、行政効率を上げていかなくては、自治体経営が立ち行かないのです。

自治体の主要財源は「住民税」と「固定資産税」です。後述する金融リセット後の世界では、中央から入ってくる「地方交付税交付金」やらいろんな名目の補助金をあてにした自治体経営はしない、できない前提で世の中が動きそうだと考えておいた方がいいでしょう。

こうした将来は都市計画から外れそうな立地にも、現在では新築住宅が造られ、個人の損得勘定で売れてしまうという、経済用語でいう典型的な「合成の誤謬（ごびゅう）」が起きています。
「合成の誤謬」とはかんたんに言えば「個人やミクロの視点では合理的な行動も、全体やマクロの世界では、必ずしも好ましくない結果が生じてしまうこと」です。
新築住宅の「合成の誤謬」を具体的に言えばこういうことです。

「新築を売りやすい制度設計のもと、事業者が新築を提供」
↓
「新築を買いやすい税制や低金利のもと、消費者が新築住宅を購入」
↓
「しかしこの時、自治体経営の観点はなく野放図に建設されるため、自治体の経営効率が悪化」

詳しくは次章で解説しますが、このような構図の中で新築住宅の建設が進めば、次のような取り返しのつかない事態になりかねません。

「自治体の経営を持続するには税金を上げるか行政サービスを減らすしかないが、前者は現実的にはなかなか難しいため、後者を選択するしかない」

「こうした事態はじわじわと進行するため、市民も行政もゆでガエルのワナにはまり、気づいた時には取り返しがつかないくらい自治体が衰退している」

ゆでガエルのワナとは「カエルは、いきなり熱湯に入れると驚いて逃げ出すが、常温の水に入れて徐々に水温を上げていくと逃げ出すタイミングを失い、最後には死んでしまう」という意味で、「ゆっくりと進む環境変化に慣れてしまい、気づいたころには取り返しのつかないことになっている」といった事態の比喩です。

本来は、個人の合理的な行動がマクロ（全体）にうまく働くよう制度設計するのが政治や行政の仕事なはずですが、ありとあらゆるできない理由を挙げて、あるいは既得権益にしがみつくことで、「壮大な無駄」を生み出し、全体として歪みが生じているのです。

進む街のコンパクト化

現在、全国1741自治体のうち、747自治体（2024年3月31日時点）が街のコンパクト化を進める「立地適正化計画」に取り組んでいます。ただ、中には本気で取り組んでいるとは到底思えない、補助金目当てのいい加減な自治体政策も多く、したがって多くの住民に危機感も共有されていないようです。

しかし、このような状況は全く持続可能ではありませんので、いつかどこかで本格的に取り組む必要があります。都市計画というのは息の長い取り組みですから、本来は長期的な計画を立ててじっくり取り組むべきところ、何もしてこなかったツケを一気に払うということになるかと思います。

1968年に都市計画区域を「市街化区域」と「市街化調整区域」に分類し、市街化を促進する地域と抑制する地域とに分けましたが、それをもう一度行うイメージです。現在の市街化区域を、人口減少社会に合わせてさらに小さく区切るのです。

こうなると、市街化を抑制する地域に分類された地域では、現在市街化調整区域で住宅ローンを利用できないのと同様に、住宅ローンが使えなくなるでしょう。そうなると不動産価格は大暴落です。上下水道や道路・橋などのインフラ修繕をはじめとする行政サービスは後回しにするか打ち切られるでしょう。「必要ならば中心部に集まってください」というわけです。

新築住宅は早晩「高嶺の花」となります。その兆候がすでに新築マンション市場に現れているのを私たちは目撃しているわけですが、時間の経過とともに一戸建て市場にも波及するはずです。

「家を買うといえば中古住宅があたり前」といった、他の先進国と同様の常識に日本も遅ればせながら変わるわけです。そもそもアメリカでは、日本で言う中古住宅のことを「Existing House」つまり「既存住宅」と呼びます。日本においても中古住宅という呼び方はやめた方がいいかもしれませんね。んー、かといって、既存住宅という呼び方も何かカタい感じがしますね。何か適切な呼称が見つかるといいのですが。

価値が維持、上昇する中古マンション市場

さて新築マンションの「供給減少」や「価格高騰や陳腐化による魅力低下」といった事態は、実はすでにマンションを保有している人にとっては、非常に有利に働きます。

新築がない、買えないとなれば中古マンションを買うしかないわけで、中古マンション市場が活性化すれば、保有するマンションの価値が維持、ないしは上昇方向に働くためです。

これが日本以外の先進国の住宅市場で働くメカニズムです。買ったマンションの価値が落ちなければ、住宅購入という行為が人生における重要な資産形成の一環となります。

1億円で買ったマンションが20年後1億円かそれ以上で売れるなら、売買時の諸費用や住宅ローン金利、固定資産税といったコストを差し引いても、毎月の家賃や更新料を払わないでよいため、損得勘定で言えば圧倒的に賃貸でいるより買った方がお得だということになります。

それは「価値が落ちてなくなる耐久消費財を買った」のではなく、「資産に投資した」

ということなのです。

実際問題としてこの20年くらいの間に好立地でマンションを買った人たちは、ほぼ例外なく儲かっています。買った時より現在の方がマンション価値がアップしているのです。

特にこの10年くらいに「都心・駅前・駅近・大規模・タワー」といったワードに象徴されるマンションを買った人は、東京都心においてはその価格が平均的に2倍以上、神奈川・埼玉・千葉では1・7倍くらいに値上がりしています。住宅ローンを支払うことがいつの間にか資産形成となっていたわけです。

日本の住宅業界には「新築を買ったそばから建物価値が落ち、住んだ瞬間に3割減、10年で半値、20～25年程度でほぼゼロ」といった定説がありましたが、少なくとも中古マンション市場ではすでにこうした方程式が崩れつつあります。

とはいえ不動産の価値は1にも2にも3にも立地であり、要は「都心・駅前・駅近」といった利便性の高い、中長期的に人口流入が見込める立地であることが大前提です。

マンション価格上昇の理由は立地

一方で一戸建て市場は、マンション市場が大盛り上がりを見せてきたこの10年、ずっと鳴かず飛ばずといった状況だったところ、ようやく火がつき始めたのが2020年のコロナ禍における「緊急事態宣言」以降です。多くの人がリモートワーク（在宅勤務）を経験したことで「住まいの見直し」「もう一部屋ほしい」といったニーズが生まれ、持ち家志向が高まりました。

しかしこの時すでに新築・中古マンション市場は相当程度値上がりしていました。それを嫌って、あるいは3LDKが主流であるマンションより一部屋多い4LDKがメインである一戸建て市場に流れたわけです。

しかしこの一戸建て市場のブームというか需要はすでに一巡し、2023年後半になると多くの新築一戸建て事業者が在庫を抱えるようになり、2023年度末の決算期を迎えるにあたり、場合によっては千万円単位の大幅な値引き販売をしたケースもありました。

とはいえ、かつてのバブル崩壊やリーマン・ショックといった大きな値崩れには至らず、市場を大きく壊さない範囲でのブーム終了、といったところです。

コロナ禍で着火した一戸建ての需要が一巡したといっても、住宅需要が全て枯れるわけではなく、前述の通り相変わらずマンション市場、とりわけ中古マンション市場は絶好調です。

なぜ一戸建ての需要は低く、マンションは高いのか。その理由はごく単純な話で、つまるところ「立地」ということになります。

共働き世帯は2001年から2021年の約20年間で約1・3倍も増加しており、夫婦のいる世帯全体の約7割に達しています。2人とも通勤に利便性を求めるうえ、買い物をはじめとする生活利便性を高めるにはどうしても、できるだけ「会社に近く」「都心に近く」「駅に近く」といった選択になります。

たとえて言うなら「駅徒歩20分、100平米のマンションより、駅2~3分、60平米のマンションがいい」といったイメージです。居住空間をはじめとする快適性より何より「時間」が大切なのです。駅から遠くなれば必要になる自動車の保有比率も、若年層であるほど年々低下を続けています。

したがって新築マンションデベロッパーも、あくまで利便性の高い立地優先でマンション用地の仕入れを行うようになります。しかし、そうなると土地値がかさむうえに、容積率が大きいタワーマンションのような大規模マンションを計画することになります。事業規模が大きくなると、中小の相対的に体力の劣るマンションデベロッパーの事業機会が失われ、三井・住友・三菱・東急・野村といった大手系による、好立地の、大規模・タワーマンション供給がメインとなった近年の新築マンション市場が形成されるわけです。

２００８年リーマン・ショック前のプチバブルのころは、新築マンション市場における大手系の比率は25〜30パーセント程度でしたが、現在では半分〜３分の２が大手によるものとなっているのはそのためです。

日本の住宅市場は主に戦後になって形作られました。戦後の復興と高度経済成長の、圧倒的な住宅不足を解消することを目的としていたのですが、この時代遅れの政策がそろそろ根本的な転換期を迎えています。そしてそのタイミングはおそらく「もうすぐ」です。

第2章

激変する不動産の資産価値

日本の土地資産額は減少する

マンションはその立地に加え、木造が主流の一戸建てに比して、RC（鉄筋コンクリート）だから安心、といった漠然とした安心感もマンション人気を後押ししているようです。ただしこれはいかにも素人的なイメージに過ぎず、実際は「設計」「工事」「点検・メンテナンス」の三拍子がそろっていれば、どんな構造であっても100年以上は持つのです。

不動産価格がどうやって決まるのか。その要因には、景気動向やら株価、金利やら、細かく説明すればいろいろありますが、結局のところそうしたパラメータ（媒介変数）を消化したうえで、最後は「需要と供給」で決まります。

「買いたい人が多ければ上がり、売りたい人が多ければ下がる」と、ただそれだけのことです。「需要」である人口が減少するのですから、価格が下がるのはある意味あたり前のことと言えるでしょう。本格的な人口・世帯数減少社会を迎える日本の土地資産額は、ざっくり現在から3割減・4割減となる流れです。

2020年の日本の総人口は同年の国勢調査によれば1億2615万人でしたが、以後長期にわたる本格的な人口減少局面に突入するのは誰しもご存じかと思います。国立社会保障・人口問題研究所が発表した「日本の将来推計人口（令和5年推計）」によれば、2045年には1億880万人、2056年には1億人を割って9965万人、2070年には8700万人になると推計されています。

不動産の価値指標が変わる

とはいえ、こうした人口減少局面では、全国一律に、まんべんなく人口（需要）が減り、平均的に不動産価格が下がるわけではありません。繰り返しになりますが、現実には次のように大きく三極分化します。

1　人が集まるところ
2　徐々に減少していくところ
3　無人化するところ

1の「人が集まるところ」は人口減少といったメガトレンドをものともせず、今後も価格維持ないしは上昇を続けます。2の「徐々に減少していくところ」は年率2～4パーセントの下落を継続。仮に4パーセントの下落を15年続けるとおよそ半値となります。3の「無人化するところ」は文字通り価値ゼロどころか「お金を払っても引き取り手がない」といった状況となり、前述したようにすでにスタートしている三極化が、人口減少ピークの2070年に向けてますますコントラストを強めていくといった状況となるでしょう。

こうした中、私たちは「不動産」とどのように向き合っていけばよいのでしょうか。テレビや新聞、雑誌、ネットなどメディアでよく取り上げられる「賃貸か持ち家か」「マンションか一戸建てか」「都心か地方か」「いつが買い時か、売り時か」「住宅ローンは変動か固定か」といった明快なテーマは、いつの時代でも一定のニーズがありますが、このような単純図式化された問いは、実は今となっては本質的ではなく、したがってあまり意味がないかもしれません。

それはなぜでしょうか。こうしたテーマは往々にして「経済合理性」を論じています。要は「損得勘定」です。

もちろん経済合理性は超重要。高く買うより少しでも安く買えた方がいいに決まっています。買ったそばから不動産の価値がダダ下がりしてX年後に無価値あるいはマイナス価値となってしまうより、価値が落ちない、落ちにくい方がいいでしょうし、筆者も日ごろその重要性を説いています。

注意したいのは、こうした「損得勘定を語る前提条件が大きく変わる可能性が高い」ということなのです。一般には論じられていない「古くて新しい指標」がこれから新たに加わり、スタンダードになります。そこには「自治体経営力」「災害対応力」「省エネ性能」といった聞き慣れたワードがいっそう強調されるほか、「好き」とか「愛着」とか「コミュニティ」といった、一見損得とは対極にあると思えるようなワードが、経済合理的にも非常に大事になる時代がやってくるからです。

価値を左右する自治体経営力

まずは大事になるのが「自治体経営力」。

前述した通り、どの自治体も例外なく、住民税や固定資産税をはじめとする税収（歳入）

で賄われています。例えば働き盛りの世代が多く流入する自治体では、税収もおのずと増加します。だからこそ自治体サービスもより充実させることができ、住みよい街が形成されるのです。

一方、若年層の流入がなく、高齢化が進む自治体では、税収も乏しく、高齢者向けのサービスに支出はかさみ、そのままいくとにっちもさっちもいかなくなります。

現時点では大きな差異がないように思える各自治体の経営ですが、団塊世代が一通りこの世からいなくなり、人口減少が進んだころはどうなっているでしょうか？　上下水道や道路・橋・公園といった設備・施設の修繕や更新もままならず、住みにくくなっている未来が容易に想像できるでしょう。

この手の話はある日突然現れるわけではなく、じわりじわりと進行するため事態に気づきにくい、前述した「ゆでガエルのワナ」に陥りがちです。ゆっくりと進行する環境変化に慣れてしまい、気づいたころには取り返しのつかない事態に陥っているわけです。

多くの自治体が、財政についてオンラインで公開しています。過去10年くらいの歳出と歳入の推移やその内訳について眺めてみると傾向がわかります。税収は増加傾向なのか、減少傾向なのか、歳出は増えているか減っているか、出入りのバランスはどう変化しているのかなど、お住まいの自治体の財政について調べてみてください。数字にそれほど強くない人でも、慣れればそんなに難しくないでしょう。

千葉県流山市では、2003年時点の歳入が400億円程度だったところ、2023年時点で800億円超と、なんと倍増させています。増加の大きな要因は「市民税」「固定資産税」です。流山市はいち早く子育て政策を打ち出し、「母になるなら、流山市。」というキャッチコピーとともに高いPR力で評判を高め、働き盛りの市民を増やすことで税収を上げる努力を長年続けてきたからです。

目標は流山市をつくばエクスプレス（TX）沿線でいちばん早く、いちばん高く売れる街にすること。流山市では他にも「行財政改革」「市民自治」「街づくり」「オープンデータ」などの分野で成果を上げています。

ネット上には流山市の取り組みが数多く紹介されていますので、ご興味がある方はご覧ください。こうした一連の大改革ができたのは、2003年に井崎義治現市長が就任してからです。井崎市長はアメリカで都市計画や地域計画に携わってきた専門家であり、だからこそ「自治体は経営である」ということをよくご存じであったのだと思います。それで就任時から「流山市をTX沿線でいちばん早く、いちばん高く売れる街にすること」といった課題に取り組んでこられたのです。

多くの自治体でドラスティックな改革ができないのは、たいていリーダーである首長が「そもそも問題意識が低い」か、「やりたくてもできない」のどちらか。前者は論外ですが、本気で都市計画・自治体経営に取り組んでいる首長は残念ながら多くありません。

また「街を縮める」となれば、結果としてどこかの地域を切り捨てることになります。そうなると選挙に弱い首長は及び腰になり何もできないということに。選挙に強い首長であることが、改革ができる絶対条件です。つまり良好な自治体経営は、首長や議員に投票する住民のリテラシーにかかっているわけですね。

下落する災害地域

次に「災害対応力」。

わが国ではこれまで多くの地震や水害に見舞われてきましたが、実は2019年の台風

15号、19号を受け、損保大手各社が火災保険料の見直しをしています。要は「水害可能性のある地域は火災保険料が割高になる」というわけです。

ただし見直しといっても保険料が当初より最大1・2倍程度上がるといったレベルで、額にして数万〜10万円程度であることから、これで不動産の資産価格に差がつくというような、大きなインパクトはありません。

しかしこのような格差を、住宅ローンを提供する金融機関が始めたらどうなるでしょうか。例えば、これまでは5000万円の物件Aと物件Bどちらも担保評価の掛け目を100パーセントとしていたところ、水害可能性の低い物件Aはそのまま、水害可能性の高い物件Bは金融機関としてもリスクがあるため担保評価を70パーセントの3500万円としたら、とたんに物件Bの資産価格は大きく下落するはずです。

これは住宅を購入する人のほとんどが住宅ローンを利用するためですが、担保評価の低い物件Bを買うには物件価格の30パーセント、つまり1500万円の頭金を用意しなければなりません。こうなると購入できる人はかなり限られてきます。

したがって需要が大きく減退し、物件Bの価格はかなり下げないと売れないということになるでしょう。おそらく3000万円台くらいにしないと売れないのではないでしょうか。かたや5000万円、かたや3000万円と、今後は水害可能性の有無で大きな資産格差がつく可能性があるのです。

価値を高める建物の断熱性能

そして「省エネ性能」。

これは「エネルギーを使わない住まいは地球環境にやさしくていいよね」といった、ふわっとしたエコロジー的な観点ではなく「経済合理性」の話です。

昨今の技術では、木造やRC（鉄筋コンクリート）造などどんな構造であっても、1年を通して電気などのエネルギーを使わず、したがって生活コストの低い住宅を造ることが可能です。例えば冬の寒い時期や夏の暑い季節に暖房器具やエアコンをつけっぱなしにしていると、月の電気代は3万～5万円になるといった事態も珍しくないわけですが、これはその住宅の省エネ性能、厳密には断熱性能が恐ろしく低いことに起因しています。これをほぼゼロにできれば、年間で大きな節約ができます。年30万円の電気代を払っているなら

10年で３００万円、30年で９００万円ものコストダウンが可能となります。

スキーリゾートとして世界的に注目を集める北海道ニセコ町は、冬季（12月〜3月）の平均気温は氷点下で、１月は平均マイナス６度まで下がります。エアコンは暖房としてはパワー不足のため、多くの家が灯油ファンヒーターを使用しています。

ニセコ町の一般的な木造一戸建てでかかる暖房費は月３万〜４万円程度ですが、広さや暮らし方などによっては月５万〜７万円というケースも。そんなニセコ町に、冷暖房費が月５０００円ですむ賃貸集合住宅「NISEKO BOKKA（ニセコ ボッカ）」があります。

NISEKO BOKKAは１ＬＤＫ〜３ＬＤＫの木造賃貸マンションで、各住戸に設置されたエアコン１台のみで、住戸全体の室温を自動でコントロールしています。夏は26度を上回らず、冬は22度を下回らない室温が保証されています。

この住宅を建設したのは「まちづくり会社・ニセコまち」で株式会社WELLNEST HOME（本社・愛知県名古屋市）が技術協力を行っています。詳しくはネットでキーワード検索するとたくさん出てきます。

断熱性の高い住宅は、何より長持ちします。日本の住宅の寿命は短いとよく言われますが、それはなぜでしょうか。

住宅がダメになる最も大きな要因は「水」です。具体的には、屋根や外壁からの「雨漏り」や配管の「水漏れ」そして「結露」です。これらを長年放置すると、建物の構造部分にカビが生えたり腐ったり、シロアリの温床となったりします。

雨漏りや水漏れは、しばしば点検し、必要に応じて修繕すればよいのですが、結露、とりわけ壁の中で生じる「内部結露」はどうにもなりません。

断熱性の高い住宅はこの内部結露が、基本的に生じないのです。したがって30年だ50年だと言われる日本の住宅寿命も、平気で100年以上持つことになります。3000万円の注文住宅を建てて50年で壊す場合、1年あたりの建築費は60万円。100年持つ住宅なら30万円。築年数が経過しても子や孫に相続でき、市場で賃貸住宅として貸し出すことも、売却することも可能です。むろんこうした住宅の建築費は、通常の住宅に比べてイニシャルコストはやや高いものの、ランニングコストが低く長持ちするのであれば、そのコストは容易に回収でき、なおかつ長期的に資産として活用することも可能です。

住みたくなる街とは

最後に「その街に暮らす人が、地域を愛しているか」も大事になってきます。戦後の高度経済成長期では、地方から出て東京など都市部で仕事を求め、都市近郊で住宅を求めるといった行動様式が主流でした。住宅価格は当然ながら都市の中心部に近いほど高く、したがってよりリーズナブルな都市近郊の郊外へ住まいを求めるといった行動様式でした。つまり「住みたい街」に住むのではなく「金銭的に買える街」に住んだわけであり、その際のバロメータとなるのは「都心部からの距離」「駅からの距離」であったりしたわけです。

その自治体がどんな経営をしているか、どんな特色があるか、どんなお店があるか、どんな人が暮らしているかといったことは、住まいを選択する際に念頭になかったというか、考慮する余裕もなかったでしょう。

首都圏で言えば東京都心部から30～40キロ圏内。通勤時間がドアツードアで1～1・5時間、もっと具体的に言えば国道16号線内外の例えば、相模原・町田・大宮・柏・船橋といった、かつて「郊外ベッドタウン」と呼ばれたところは、団塊世代を中心とする人口ボリューム層が、高度経済成長下で、地価上昇が永遠に続くとする「土地神話」の下、「早くしないと買えなくなる」といった焦燥感にかられながら、こぞって住宅を求めました。

多くの都市郊外はどこも似たような街並みで、駅前のロータリー周辺にはコンビニや牛丼屋にファストフード店、消費者金融など、どこも同じ顔ぶれの、特色のない景色が広がっています。

そんな中においても、地元ならではの人気レストランや居酒屋などが点在するものですが、こうした「その地域ならでは」の店舗が今後も増える街は有望です。他と同じではなく、個性があるからです。

その街を愛するためには、どこにでもあるものではなく、個性があることが重要です。同様に、街並みや景観に対する意識が高い市民が多いとか、コミュニティ活動が活発であるとか、要素は何でもいいのですが、要は「個性があり、暮らしていて楽しい街かどうか」が重要であり、そうしたところに「愛着」は根付くものでしょう。

現時点ではそうした動きは散発的であり目立ちませんが、これから時間の経過とともに、街ごとの個性の違いが出てくるはずです。「無個性」というのもひとつの個性ですが、それがあまりにも多すぎれば問題ですね。

「愛される街かどうか」「その地域が好きで住んでいる人はどのくらいいるか」といった、一見損得とは対極にあると思えることが、暮らしの快適性や楽しさはもちろん、ひいては資産性に結びついてくるようになるでしょう。

空き家の対処

ここで、増え続ける空き家問題の未来について触れておきたいと思います。

「実家が空き家になったらどうしよう」とお悩みの方は多いでしょう。あるいはすでに空き家を抱え「売るか、貸すか。どうしようか」と逡巡しながらも何となく決断と行動を先延ばしにして、結果として放置という方もいるでしょう。

上位15パーセントの好立地な不動産であれば、売るもよし、貸すもよし。しばらく放置していても建物のコンディションがよほどひどくなければ何とかなります。

都心・都市部の好立地マンションは、たとえ築50年超えのマンションであっても、そこそこの管理状態であれば普通に流通しています。一戸建ての場合は、長らく放置すると建物が傷んでいることが多く、雨漏りや水漏れ、あるいは大きく傾いているなど、構造躯体に何らかの問題がある場合はその限りではありませんが、その場合は更地にして売却できる可能性が高いでしょう。

中位70パーセントの不動産は、厳しい言い方になりますが「1秒でも早く売却するのが正解」となります。

典型的なのが都市郊外のベッドタウン。先述した通り首都圏で言えば東京都心からドアツードアで1～1・5時間、距離にして30～40キロ。相模原・町田・大宮・柏・船橋といった、環状になっている国道16号線内外にある立地の物件です。こうした立地でもマンションで徒歩7分以内、一戸建てで徒歩15分以内程度であれば、賃貸・持ち家とも長期的に一定のニーズが見込めるでしょう。

しかしそれを超えた範囲では、すでにニーズは著しく少なく、さらに5年・10年とたつうちに、周辺に同様の「空き家」というライバルが増えていきます。こうした立地に多く住宅を求めたのはいわゆる「団塊世代」で、その定義を1947～1949年に生まれた世代とした場合、2024年現在の年齢は、75〜77歳ということになります。我が国の平均寿命を考えると、これから空き家増加が必至であることがわかるでしょう。

全国空き家対策コンソーシアムによれば、空き家が増加することで周辺の不動産価格は下落し、国全体の経済損失は2023年までの5年間で3・9兆円に上るとしています。この損失は今後も、空き家の増加とともに増え続ける見込みです。周辺に空き家が増えるほど自身の空き家の価値も下がり、ますます処分しにくくなっていくでしょう。

空き家の賃貸化は損をする

そして、こうしている間にも全国各地で空き家は増加し続けています。総務省の住宅・土地統計調査によれば、2023年の空き家数は900万戸で、前回調査（18年）から51万戸増え過去最多となりました。また、総住宅数に占める空き家の割合も2023年は13・8％と過去最高となり、住宅の約7分の1を空き家が占める事態となっています。

1993年の空き家数は448万戸でしたから、この30年で空き家は倍増していることになります。野村総合研究所の予測では、2028年に空き家数は1000万戸を突破。

その後１２７７万戸（２０３３年）、１５５４万戸（２０３８年）と増え続け、２０４３年には１８６１万戸で空き家率は25・３パーセントと、なんと「４軒に１軒が空き家」となる未来が待っているとしています。

リフォームやリノベーションをして、賃貸に出すといった選択肢は、経済合理的にはあまりよい結果を生みません。なぜならたいていの場合、割に合わないからです。

一定の築年数が経過していれば、空き家になった後そのまま賃貸に出すのは不可能で、大中小のリフォームが必要になります。例えば建物30坪・４ＬＤＫといった典型的な一戸建てについて、屋根や外壁などの外回りを一通りやり替えた場合はざっくり１５０～２００万円。内装の床・壁・天井の刷新で約２００万円、キッチンや給湯器・ユニットバス・トイレ・洗面化粧台といった水回りの更新でおよそ４００～４５０万円程度かかります。これら全てを行うとなると７５０～８５０万円と、思いのほか莫大な金額になるのです。

部分的にリフォームを行うにしても、そうした投資額を何年で回収できるか計算してみてください。想定賃料はネットで簡単に調べられると思います。近隣で同条件の賃貸住宅の賃料がいくらか見てみましょう。

仮に8万円だとすると年間賃料は96万円。リフォームに500万円かかる場合、そのコストは5・2年で回収できることになります。つまり労力とコストをかけても5年経過するまではマイナスとなり、それ以降やっと収支がプラスになるわけです。

実際には不動産屋さんに支払う仲介手数料（1か月分）や毎月の管理費（月5000円程度）がかかりますので、投資回収の時間はもっと長くなります。こうしたことを考慮すると、ある程度の賃料が取れる立地でないと、とうてい割に合わないことに気づくでしょう。月4万とか5万円程度の賃料では、全く投資に見合わないということです。

さらに、これから空き家が増加することが確実で、同様の賃貸物件や売り物件といったライバルの増加も必至であることを考慮すると、現在の想定賃料を時間の経過とともに下げざるを得ないことも念頭に置く必要があります。だからこそ、競合が増加する前に、できるだけ早く売却するのが、最も理にかなった選択となります。

ただしこのような考え方はあくまで経済合理性のみを優先した場合であり、現実には「相続でもめてしまい処分できない」「思い出が詰まっている」「仏壇がある」など様々な理由で、なんとなく処分が先延ばしになってしまうというケースが現在も、そしてこれからも、かなりの割合で発生せざるを得ないだろうと思います。

こうした事態を防ぐには例えば、親の生前に「遺言」を準備してもらい、いざという時にはそれに従って機械的に空き家をはじめとする財産の処分を進められるようにしておくのがベターです。ただ子供の側からそうした提案をするのはいかにもやりにくいというか気が引けることもあって、なかなか難しいところです。

相続放棄といった手もありますが、現行法では、不動産だけを相続放棄することはできず、預金など財産全てを放棄するか、全て相続するかのどちらかですので、よく考えて選択をしましょう。

第3章

専門家は肝心な時に間違える

不動産市場を飛び交う謎の言説

さてこの章では、「世論」という「大多数の意見」が不動産市場をいかに見誤ってきたか、そしてなぜ見誤ってしまうのかを見てみましょう。

思い出してみてください。この10年くらい、不動産市場を巡っては様々な言説が飛び交っていました。例えばこんな具合です。


「これから人口が減少していくのに不動産価格が上昇するのはおかしい」

「長く続く低金利（金融緩和）で不動産価格は不当に高い」

「東京オリンピック・パラリンピックの反動で景気低迷。不動産バブルが崩壊する」

「湾岸タワーマンション市場はそのうち暴落する。そもそもタワマンは人が住むところではない」

「コロナ禍で不動産市場は崩壊する。東京はじめ都心・都市部から人が逃げだす」

これらをまとめてみましょう。これからやってくる本格的な少子化・高齢化・人口減少社会においては、不動産価格は下落するに決まっている。昨今の不動産市場はバブルなのだから、いつか何かのきっかけで崩壊するに決まっている、というわけです。

言っていることは全くわからないわけではないのです。確かに2012年12月の民主党から自民党への政権交代以降、株価同様に不動産価格、とりわけ利便性の高いマンション価格はほぼ一方的に上昇を続けてきました。2012年末に比して、現在の中古マンション成約平米単価は都心3区（千代田・中央・港区）で2倍以上、神奈川・埼玉・千葉県で1・6〜1・7倍となっています（2024年8月現在）。新築・中古マンション共に立地のいいところはすでに軽く「億超え」があたり前となっています。

しかし筆者は「これはバブルではない」と主張してきました。実際、前述したように1990年のバブル期の日本の土地資産額はおよそ2000兆円。しかし現在では約1000兆円と半減しています。その過程の中で三極化が進んできたわけです。

コロナ禍は結局のところ、その三極化を加速させる効果をもたらしました。今後も全体が均等に沈むわけではなく、むしろ利便性の高い一部の不動産など、上がるところは今後もとことん上がる可能性が高いのです。このような言説には賛否両論ありましたが、実際その通りになってきました。

もし日本の不動産市場がバブルだとすれば、東京の1・5倍〜2倍の価格水準に達している世界の主要都市はもっとバブルです。仮に世界的な金融ショックが起きたとしても日本への影響は相対的に軽微でしょう。そもそもバブルではないのだから、崩壊することもできないのです。もっとも、当面そのようなことは起こらないとは思いますが。

コロナが明けたら、住宅市場に火がついた

不動産をはじめとする、あらゆる資産価格を上昇させる要因となった、言い換えれば円の価値を相対的に下げることとなった日銀のゼロ金利政策は、2024年に入りやや修正されました。金融機関の融資姿勢にわずかな変化をもたらしたものの、しかし大勢には全く影響ありません。東京オリンピック・パラリンピック後には建築費が一段と高騰し、不動産価格も高騰。むしろ不動産市場をめぐる世間の予測とは逆の動きを示しています。

2020年4〜5月の緊急事態宣言の最中は新築・中古共に取引が半減したものの、1

990年のバブル崩壊や2008年リーマン・ショックのような価格下落は見られませんでした。

緊急事態宣言が明けて以降は、たまっていた需要が噴き出すどころか、住宅市場は大活況を呈しました。リモートワーク（在宅勤務）を経験することで「もう一部屋ほしい」「住まいを見直したい」といったニーズが強まり、低金利の住宅ローンに加え「住宅ローン控除」といった事実上の「金利分以上の補助金制度」を背景に、これまで価格を上げてきた3LDK主流のマンションに加え、4LDKメインの一戸建て市場にも火がついたのです。

もっとも一戸建て市場は現在、少なくとも新築についてはアフターコロナの需要は一巡し、2023年後半あたりから調整期に入っています。とはいえバブルが崩壊するといったドラスティックな事態には至っておりません。

東京・渋谷区のオフィス空室率は、2020年4～5月の緊急事態宣言中には急激に、しかも突出して上昇しました。しかしそれは小規模オフィスが多いうえ、IT系など機動力の高い企業が多く集積していたという渋谷特有の要因があったためで、現在ではすっかり元に戻るどころか、むしろ賃料が上昇しています。

揶揄された湾岸タワマンは、相場上昇

主に2000年代前半から本格的に供給開始されてきた湾岸タワーマンション。

「埋め立て地は人が住むところではない」
「ホントの金持ちはあんなところに住まない」
「いずれバブル崩壊する」
「やがて廃墟化する」
「湾岸タワマンは災害に弱い」
「買ってはいけない」

などなど一部では散々な言われようでしたが、2000年代以降に湾岸タワーマンションを買った人は、ほぼ例外なくその資産価値を上昇させています。

ちなみに「廃墟化」するかどうかは個別のマンション管理の問題であり、それが湾岸で

あるかとかタワーであるとかいうこととは直接の関係はありません。

さらに「災害に弱い」説について。例えば水害リスクに関しては、都心湾岸地区はむしろ内陸部に比してリスクは低いというシミュレーションが出ているほか、タワーマンションには「免震」「制震」「高強度コンクリート」といった構造が用いられており、耐震性には一定の配慮がされていますし、2011年の東日本大震災を受けて、多くのマンションで「非常用電源」「備蓄の確保」といった対策が施されてもいます。

東京オリンピック・パラリンピックで選手村として利用された「晴海フラッグ」は、一度に大量供給されるため「オリンピックというレガシーがなくなれば売れないだろう」などと言われたものの、ふたを開けてみれば応募倍率は最高数百倍といった大活況。その割安感からくる魅力で、多くのいわゆる「転売ヤー」まで登場する始末でした。

「大量供給された晴海フラッグのせいで、都心タワマンの相場も乱れ、崩れる」とも言われましたが結果は逆。むしろ晴海フラッグの活況につられて周辺のタワーマンション相場も上昇させました。

見えなかった破綻の兆し

話はさかのぼりますが、2007年末に開催されたマンションデベロッパー幹部が集まる忘年会で「来年の今ごろ、ここにいる人の大半はいなくなるだろう」と発言し、大ひんしゅくを買ったことがあります。「おめでたい席で何を言っているのだ」というわけです。しかし翌2008年9月15日にはあのリーマン・ショックが発生し、多くのマンションデベロッパーが実際に破綻し退場していきました。

兆しはあちこちにあったのです。例えば、2006年にアメリカでいわゆる「サブプライムローン問題」が発覚したことを受けて、個人向け不動産投資に対する融資を最も積極的に行っていた某メガバンクが、密かに融資の窓を閉じ始めていました。

それまでは例えば、年収400万円のOLが物件価格2億円程度の融資を、経費まで含めて全額借り入れ、その収益をもってOLを引退するといった現象が起きていたのです。あまりの融資の緩さに物件価格が高騰し、言い換えれば利回りが低下し、こうした行動様式が取れなくなりつつありました。

しかし金融機関全般の融資は相変わらずユルユルであったため、後発組のサラリーマン投資家が「リタイヤ」や「セミリタイヤ」、近年の言い方だと「FIRE」を目指して、無理をして億単位の、地方の高経年マンションを一棟買いするなど、その持続可能性が危ぶまれる状態でした。

またマンションデベロッパー界隈では「お化け物件」なるものが登場。これはカンタンにいえば、用地を仕込んで賃貸マンションを建設し、売却すると、B to BないしはB to Cにおいてものすごく高く売れ、本業であるマイホームとしてのマンションデベロップ事業の数倍の売上げ・利益を計上できる、といったものです。

大企業などが株式市場に加え、社債やコマーシャルペーパー（CP）で資金調達できるようになって久しく、金融機関としては貸出先を求め不動産融資に積極的だったのです。

金利上昇はもちろんのこと、融資姿勢が一定程度以上に引き締められれば不動産価格に下落圧力が働くのは自明です。背伸びに背伸びを重ねてきたところではじけたのがあのリーマン・ショックでした。それまでは株式市場も不動産市場も表向きには絶好調でしたが、私には一種のユーフォリア（過度な幸福感、陶酔感）に、多数のプレイヤーが浸っているように映りました。

お通夜の不動産市場で起こった不動産投資ブーム

2000年11月、ロバート・キヨサキ著『金持ち父さん　貧乏父さん』（筑摩書房）が日本で刊行されました。

ロバート・キヨサキの主張を一言でいえば「キャッシュフローを生む資産に投資せよ」といったもので、その代表格として不動産投資が挙げられており、同書は日本のみならず世界中でベストセラーになりつつありました。

「投資用不動産は一部富裕層や地主のものではなく、コモディティ化（一般化）する。日本に不動産投資ブームが来る」

そう確信した筆者は、今では数多く開催されている、サラリーマン向けの「不動産投資勉強会」を国内で初めてスタートさせました。しかしこの当時は大手証券会社の山一證券が倒産した「山一ショック」をはじめとする各種経済ショックからなかなか立ち直れず、2000年には米国発のITバブルがはじけたあおりも受けて、日本経済はもちろん、株式市場も不動産市場もお通夜のような状況だったのです。

そして実際、個人の不動産投資ブームがやってきます。この時から従来型の伝統的な「土地持ちの地主層」とは別に、いわゆる「サラリーマン投資家」が登場。金融機関で調達した低金利の融資を利用して、より高利回りの収益が期待できる不動産を運用し、利益を得るといった手法が流行します。資産規模に応じて、会社員としての給与とは別の副収入を得ることができるわけです。

不動産市場が沈む中、資産10億円以上の「メガ大家」、さらには資産100億円以上の「ギガ大家」が多数生まれたのです。

専門家のワナ

ご覧いただいたように、「世論」というか「世の中の風潮」というのは、往々にして間違えるものです。それはなぜか。その正体が「マス」だからです。「大多数の意見」というのはしばしば大外しするのです。

それでは「大多数の意見」とは、具体的にどのように創られるのでしょうか。ひとつには「専門家のワナ」があります。「専門家」というものは往々にして「肝心な時に間違える」ものです。

例えば専門家が株価の予想をする場合には、これまでの市場の流れを踏まえるのはもちろん、それと同等かそれ以上に「他の専門家はどう考えているか」が大事であったりします。

万が一でも自分が見落としや勘違いをし、的外れなことを言って他の専門家に笑われたくないからです。上手に空気を読んだうえで、専門家としておかしくない、穏当な発言をしたいのです。それが各業界・界隈で生きていく知恵とも言えるでしょう。

あるいは所属している組織の意向もあります。実際、2024年早々に日経平均株価が4万円を超えると予想した専門家は何人、何パーセントいたでしょうか？　少なくとも私が知る限りほぼ皆無だったと思います。

年末年始に発行された経済系の週刊誌に掲載された「2024年株価大予測！」のような特集を読み返してみてください。株式市場の専門家のコンセンサスはだいたい3万円前半～中盤でした。ところがその直後に日経平均は4万円を突破しています。

そうした記事を参考にして、多くの読者は投資の可否や銘柄選択をするわけです。もちろんそのような行動様式は、市場が安定して定常状態にある時、つまり

「一定のレンジで上下動している」
「安定して上昇基調にある」
「長らく下降局面にある」

などの際には、文字通り「穏当な意見」であり、おおむね正解と言えます。1990年バブル崩壊以降は長いデフレが続きましたので、その前提で考えておけば大きく外れはしませんでした。

しかし近年で言うと

「2000年ITバブル崩壊後の資産価格上昇」
「2008年リーマン・ショック前のプチバブルとその崩壊」

「2012年の民主党から自民党への政権交代によるアベノミクスと、翌年の黒田バズーカによる株高、不動産高」

「2020年以降のコロナ禍とその後のゴールドや仮想通貨、絵画や高級車・高級ワインなども含む資産全面高」


など大きな潮目の変化は、ほとんどの専門家が予想すらできなかったはずです。

昨今のように、不可逆性を帯びた大変化、歴史的な大転換の時代にあっては、従来型の定型フォーマットに乗った思考・意見は全く役に立たないどころか、大外しをするといった弊害をもたらします。それで「想定外だ」といったワードが連発されるわけです。

本来、想定外というものはあってはならないことで、たとえ天災地変であっても、具体的な日付や場所は想定できないながらも、その可能性は日ごろから念頭に置いておくべきであるはずです。

加えて各業界・各分野の専門家の多くは「タコ壺化」しています。例えば株式市場について考える前提として、今や株や金融の知識だけでは到底太刀打ちできるものではありません。不動産市場について予測する時、不動産や建築・都市計画、経済・金融程度の範囲をカバーするだけでは、もう全く立ちゆかなくなっているのです。もちろんどの業界にも、数は少ないものの慧眼をお持ちの、本当の意味でのプロがいらっしゃることを、私は知っています。

いずれにしても、2020年以降のコロナ禍のように「想定外」の事態が次々と起きるであろう未来においては、いわゆるカッコ付きの専門家は、今後も予想を外し、間違い続けるでしょう。

感情が先、理屈が後

すでに私たちは「1人1台スマホ持ち」の情報化社会・情報過多社会にいますが、そうした情報はそもそも、どのように創られ、配信されているのでしょうか。

まず前提として、テレビは視聴率、雑誌は販売部数、ネット記事ならページビューが求められます。とりわけインターネット、スマホの登場でテレビ・ラジオ・新聞などのいわゆるオールドメディアは旗色が悪くなっていますが、ネットの世界においてもその情報量は指数関数的に増大し続けています。

そうした中、多くの人に興味を持ってもらうためには、どうしても刺激的なタイトルや中身を追求することになります。具体的には「不安や恐怖をあおる」のがありがちな手法です。人は理屈ではなく感情で動き、後からその行動を理屈で説明する生き物だからです。「感情が先、理屈が後」です。心理学的に、人の感情を揺さぶるのが手っ取り早いのです。

例えばテレビや新聞・雑誌などで株や不動産の特集を組む時に、株価が上昇基調にあれば「今買わないと損する○○銘柄」とか「バブル到来！ このチャンスの波に乗り遅れるな！」みたいなタイトルになり、不動産市場が好調ならやはり「狙い目のエリア○選」といった具合です。

またアンチの気持ちを引き付けるべく「バブル崩壊の足音が聞こえる」みたいなタイトルと本文で、株や不動産市場好調の恩恵を全く受けていない層の溜飲を下げる効果を狙ったりもします。タワーマンションがしばしば叩かれるのも、それを買えない層のコンプレックスを解消する効果をもたらす格好の材料提供となっているわけです。

一方、株価下降基調においては「バブル崩壊」「底なし沼の市場」といった、これからお先真っ暗のようなタイトルになりがちです。情報を受け取る側は、上へ下へと感情を大きく揺さぶられて大変です。

こうしたメカニズムでメディアから流される記事やオピニオンを参考にして投資の意思決定を行うのですから、思惑通りになるわけがないのですが、これこそが「マス」と言われるものの実態・正体です。

混乱期に飛び交う流言飛語

こうした混沌期・混乱期にはいつの時代でも不安が高まり、特に昨今のような情報過多社会では、その不安を何倍にも増幅させるような流言飛語（りゅうげんひご）が飛び交います。

「バブルが崩壊する」程度ならまだかわいいもので、「日本は財政破綻する」とか「AI化・ロボット化の進展で仕事がなくなり管理社会になる」といった、まるでジョージ・オーウェルの著書『一九八四年』のような見立てなど様々です。

はたまた「ネクストパンデミックがやってくる」というものや、あげくには「2025年7月5日4時18分にフィリピン沖で災害があり、日本に大津波が押し寄せる」とか、「いやその災害は隕石が原因で、その時刻の隕石飛来をＮＡＳＡがつかんでいる」とか、何やらこの世の終わりのような情報まで飛び交っています。

そのきっかけは、東日本大震災の発生を予言したと言われるマンガ『私が見た未来』（たつき涼・著　飛鳥新社）における著者の夢の記録のようですが、そのほか多数の人が７月５日の災害予言や予測をしているようです。

「令和６年６月６日に大きな事件や事故・災害が起きる」なんてのもありました。「６６６は獣の数字だから」ということのようです。聖書の『ヨハネの黙示録』には、10本の角と７つの頭を持つ海から上がってきた「獣」と、２本の角を持ち竜が吠えるようにものを言う地中から上がってきた「獣」という２匹の獣が登場します。そしてその獣の数字は「６６６」であると記されているのです。実際には何も起きませんでしたが。

この世はゴミ情報であふれている

このような現象は、あたかもバブルが崩壊して久しい１９９５年に阪神・淡路大震災やオウム真理教による地下鉄サリン事件が起き、１９９７年には三洋証券、北海道拓殖銀行、山一證券、徳陽シティ銀行、１９９８年には日本長期信用銀行などが次々と破綻し、世の中が不穏な空気に包まれたころと似ています。

「１９９９年７の月、空から恐怖の大魔王が降りてくる」といったノストラダムスの予言でこの世界は終わるとか、コンピュータの「２０００年問題」による世界のコンピュータ誤作動で、発電・送電機能・医療関連機器・金融機関・通信・水道・交通などが停止する、はたまた弾道ミサイルなどの誤発射など、20世紀末にはあたかもこの世界の終わりかというような論調が巻き起こったのです。

２０１２年。数年前のリーマン・ショックの影響や２０１１年の東日本大震災でやはり社会全体に、暗い、不穏な空気が流れていたころには、２０１２年12月21日でマヤ暦が終わっていることを理由として、やはり「この世が終わる」とか「地球が次元上昇して空中携挙（けいきょ）が起きる」といった言説も一部で振り撒かれたものです。

「空中携挙」とは、選ばれた能力の高い人達だけ、テレパシーが通じた人達だけが、天に引き上げられ、艱難（かんなん）から逃れられ、救われる、レベルアップするといったニュアンスで語られた言葉です。

混乱と混沌が当面継続する大変化の時代にあっては、やみくもに情報収集すればするほど、わけがわからなくなり迷宮に入ります。言葉を選ばずに言えば、この世はゴミ情報であふれかえっているのです。

YouTubeで発言した予測

元号が「平成」から「令和」へと変わった2019年から本格スタートした筆者のYouTube『長嶋修の日本と世界の未来を読む』では、次のような予測を立ててきました。主要なポイントを箇条書きでざっくりとご紹介していきましょう。

「2020年以降、怒濤の社会変革が始まる」
「現在は春夏秋冬で言えば冬にあたり、春を迎えるためのみそぎ期間であり、準備期間である」
「社会的な混乱・混沌期には、天災地変なども重なる」
「今回の社会の大変革は数十年、数百年どころではなく、千年単位の大変革かもしれない」

「政官財はもちろん、宗教団体、スポーツ界、芸能界など、ありとあらゆる既存のピラミッド構造が崩壊し、のちに新しい価値観体系が立ち上がる」

「旧来型の、ありとあらゆるピラミッド構造や価値観体系が崩壊・溶解・消失した後、新しい体制と価値観を備えた新時代がやってくる。新体制は2030年ごろにはすっかり定着している」

「したがって私たち一人ひとりの価値観や生き方もすっかり変貌している」


その具体的な内容を挙げていくと、次のようになります。


「原発・リニア・オリンピック・IRといった大きなイベントがことごとくできなくなるか、やりにくくなる」

「現行の金融システムは根本的な欠陥を抱えており、すでに賞味期限切れを迎えている。したがって金融リセットが行われるが、その前に最後の花火としてのバブルが発生する」

「金融リセットの前哨戦では株・不動産をはじめ、ありとあらゆる資産の価格が上がるが、それは資産価格上昇というより円やドルなど通貨価値の相対的な下落を表す」

「円高なのにドル高、となれば、日本独歩高の1990年型のバブルが発生する可能性がある」

「金融リセットにはマイルドシナリオとドラスティックシナリオの2通りがある。ドル基軸通貨体制が崩壊し、新金融システムがスタート」

「新金融システムの下では、ベーシックインカム的な制度が導入される」


また、時代の変化を表す抽象的・象徴的なキーワードとして、次のようなことを挙げています。


「西洋の時代から東洋の時代へ」

「大きいものから小さいものへ」

「重いものから軽いものへ」

「マクロからミクロへ」

「見えるものから見えないものへ」

「物質から精神へ」


YouTube上ではこのような発信を「もしかするとトンデモ予測に聞こえるかもしれないなあ」と思いながら行ってきました。

社会的事象は連関している

その予測の結果は皆様ご存じの通りです。

2020年になると誰もが予想し得なかった「コロナ禍」が世界を席巻。2020年以降の社会的大激変を予見していた私も、まさかそれが「コロナ禍」で始まるとまでは予想できませんでした。

また「東京オリンピック・パラリンピック」は延期。「リニア」は工事が滞り、「原発」は再稼働が進まず、「IR」は政治家の汚職事件に見舞われる事態となりました。大阪万博はのちにどう評価されるでしょうか。

さらには「旧統一教会と政治の問題」が取り沙汰されたり、「宝塚歌劇団のいじめ・パワハラ問題」や「旧ジャニーズ事務所の性加害問題」など、これまでアンタッチャブルだった組織に次々とメスが入りました。2022年7月には、安倍元総理大臣が奈良市の大和西大寺駅前で参議院選挙の応援演説をしていたところ銃撃され死亡するといった大事件が発生。海外では2022年2月には、ロシアによるウクライナ侵攻。さらに2023年10月には、パレスチナ自治区のハマスがイスラエルへ攻撃を開始。イスラエルも反撃をし、戦争に突入しています。

こうして振り返ってみると2020年以降、世界は大きく変化し、局面が全く変わってしまったように見えます。何やらきな臭い、不穏な事件や事象が頻発し、一方で株価はもちろん、不動産もゴールドも仮想通貨もそろって過去最高値を更新するなど、ありとあらゆる資産が全面高の様相。絵画や高級ワイン、高級車なども人気があります。

まあこれは資産価格が高くなったというよりは「円を含むマネー（通貨）の価値が低下した」ととらえた方がよいでしょう。つまりリーマン・ショックに加え、コロナ禍で日米欧共にマネー供給を爆発的に増やした結果です。

したがって必然的に先進各国は現在、インフレ対策に追われています。日本のインフレは他国に比して今のところまだかわいいものですが、もはやこの流れは不可逆であり、1990年のバブル崩壊後のデフレ基調に慣れ切ったアタマと行動様式をガラッと入れ替える必要があります。

デフレ時は、時間の経過とともにモノやサービスの価値が下がる、つまり通貨の価値が相対的に増すため「投資など行わず、何もしないこと。現金を保有していること」が最高の打ち手でした。しかしインフレ時代は全く逆。時間の経過とともに現金価値は目減りする一方です。

他にも、これまで起きてきた事象を挙げればきりがないのですが、こうした一連の動きは、個別にバラバラに起きているのではなく、全てつながって、相互に連関しあって動いているように私には見えます。そしてこの時代の大きな潮流は、数年や数十年どころではなく、千年単位の、人類にとって非常に大きな、歴史的な転換点にあるように私には思えるのです。

現在は冬、そして春が来る

さてそれでは結局、これから世の中はどうなるのでしょうか。

結論をひと言で申し上げれば「とてもよい世の中」になると考えています。

歴史はＤＮＡ構造のようにらせんを描いて循環しており、季節に例えれば「春夏秋冬」を繰り返します。現在はその中で「冬」にあたり、一連の膿み出しやみそぎを経た後、新しい時代を迎えるといったイメージです。

そうした大変化の時代を迎えるにあたり、２０２０年から少なくとも２０２６年くらいまでは既存の様々な体制や考え方が破壊・溶解・消失の憂き目にあい、並行して新しい概念や体制が台頭。遅くとも２０３０年を迎えるころには諸々の決着がついて落ち着き、新時代の価値観や体制が定着しているはずです。そしてそのころには、長らく続いた欧米先進国を中心とした「西洋の時代」から「東洋の時代」へ、具体的には日本が大きく繁栄する時代へと突入するでしょう。

怒濤の変革は２０２０年ごろから始まっており、さらにこれから起きるであろうことを、少し解像度を上げて予測してみましょう。

「世界の金融システムはもはや賞味期限切れであり全く持続可能ではないため、いずれ、1971年ニクソンショックや1985年プラザ合意のような政治的・人為的なイベントが起きるか、市場の大変動によって、1990年バブル崩壊や2008年リーマン・ショックを凌駕する金融リセットが起きる。米ドルは覇権通貨ではなくなる」

「この金融リセットは、これまでの延長線上にない、新しい考え方や仕組みに基づくものである。これまでのボードゲームをルールごと、ゲーム盤ごとひっくり返し、新たなゲーム盤に置き換えるイメージ」

「こうした金融リセットの工程は、新旧の入れ替えについて一定の移行期間が設けられるマイルドなシナリオや、財政破綻や通貨の切り替えを伴うドラスティックなシナリオなどの複数が考えられ、具体的にどうなるかは不透明」

「金融リセット直後は一定の混乱が生じるものも、やがて新しいシステムの下、ＡＩやロボットなどテクノロジーの進展も相まって全く新しいスタイルの社会システムに置き換わる」

「年金や生活保護は廃止され、いわゆるベーシックインカム的なものに一本化。生きるため、お金を稼ぐためだけに働くといった思考や行動様式が減退する」

「今後価値を持つのは、ＡＩやロボットに置き換え不可能な財やサービスの提供ができる人や組織。現存する多くの仕事がかつて存在したエレベーターガール、電話交換手、駅の切符切りのように不要になり、社会全体の労働生産性が格段に上がる」

「金融リセット後の資産として、株式は企業の区分所有権であり長期成長見込みがあるものは引き続き有用。不動産も上位15パーセントは価値を保つか上昇。仮想通貨は金融不安が高まる中でもう数段の上昇可能性を秘めているものの、いつどこで無価値化しても全く不思議ではない」

「通貨の中でドルはいつその価値を大きく毀損してもおかしくはなく、新ドルに取って代わられる可能性がある。通貨の中で最も強いツートップは円とスイスフランで、通貨の中では最も生き残る可能性が高いが、ドル崩壊をはじめ金融システム刷新のプロセスでは大中小の影響を受けるのは必至」

「会社や仕事、お金、資産に対する意味や意義が大きく変貌する」
「会社や家族、友人といった人間関係の概念も変わり、各々が自身にあったコミュニティとの関係を模索するようになる」

これらの金融リセットや新システム後の世界については、次章から詳しくお伝えしていきます。ここでは全体の流れをざっと把握しておいてください。

既存の常識からしたらぶっ飛んでいると思われかねない予測も入っていますが、これらについてはもうずいぶん前から兆しは出始めており、ここから紆余曲折を経て、およそ2030年くらいまでにおおむね決着し、新体制が整うだろうと考えています。

ただしこのような混乱・混沌期には天災地変がつきものであり、その点において注意が必要です。とはいえビクビクして生きるのも本末転倒。できる備えをしたうえで建設的に考えて行動しましょう、と日ごろからアナウンスしています。

第4章

現行金融システムの限界

お金そのものに価値はない

ここまで何度も申し上げてきたように、私たちが依存している現行の金融システムは、そもそもその制度設計からして全く持続可能ではありません。

そんなこと言われても「何のこっちゃ」と思うかもしれませんが、この章ではその理由をわかりやすくご説明します。とはいえ本書は金融の専門書ではありませんので、こまごまとしたロジックは省いて、本質的なエッセンスだけをお話ししたいと思います。本当のところ、経済とか金融というものは、そんなに難しいことではないどころか、実は超カンタンなのです。経済紙を読むと、何やら小難しい、呪文のようなことが書いてありますけれども。

まず、そもそもお金とは何でしょうか。

結論を言えばただの「ツール」であり、それ以上でも以下でもありません。現代社会では何をするにもお金が必要であり、生きていくにはお金が必要であるという観念から、いかにもお金そのものに価値があるかのような誤解というか錯覚を私たちは起こしがちですが、お金そのものには、実は全く価値はありません。

それでも一定以上のステイタスを持つのは、そこに「交換価値」があるためです。「交換価値」とはカンタンな話で、1万円を差し出せば、1万円相当の財やサービスと交換してもらえるわけです。コンビニでおにぎりがほしければ150円くらい出せば交換してもらえます。

つまりお金の本質的な価値とは、一定のお金を差し出せば、その額にふさわしい財やサービスと交換してもらえるとみんなが信じていること。つまりは信用があることが、価値なのです。

ではその「信用」の根拠はどこにあるのでしょうか。

実はこの「信用の根拠」は、どこにもありません。強いて挙げれば「みんなが信じているから信じられる」という、ある種のトートロジーのような世界なのです。

「トートロジー」とは、同じ言葉を繰り返したり、言葉は異なっていても同じ意味の内容を繰り返している修辞技法の一種です。

例を挙げると次のような感じです。

「無関心とは、関心がないことである」
「お昼に食べるランチ」
「未成年の小学生」

脱線しましたが、お伝えしたかったのは、お金そのものに本質的な価値はない、ということです。

ゴールドにはなぜ価値がある？

ではなぜ本質的には価値のないお金が、今のようなステイタスを築くようになったのでしょうか。かつては形式的な価値があったのに、ある時はしごを外され、価値を失ったにもかかわらず、その本質的な意味に皆が気づかなかったからなのです。

お金の話は、その成り立ちをさかのぼればきりがないので、近年に限れば、現行金融システムは1944年、つまり80年ほど前のブレトンウッズ会議で決まっています。日本が第二次世界大戦の敗戦を迎える前年に、すでに金融システムの話し合いが行われていたことにも驚きますが、この時、次のような国際合意が取り決められました。

「ドルを世界の基軸通貨とする」
「ドルの裏付けとして、金（ゴールド）1オンス＝35ドルとする」

要は、お金の価値をゴールドに紐づけることによってその価値を担保したわけです。一定のお金を持っていれば、いつでもゴールドと交換できる、というわけです。

この時日本円は「1ドル＝３６０円の固定相場」というように、各国通貨の価値がドルに紐づけられ、そのドルの価値はゴールドに紐づけられ、ということになったわけです。

しかしそもそもゴールドに、なぜ価値があるのでしょうか。

「1オンス35ドル」といった基準も、要は「エイヤッ！」と根拠なく決めた基準であり、さらに言うと「そもそもゴールドにはなぜ価値があるのか」ということは、あまり掘り下げられることはありません。

ゴールドの価値の源泉については「古来から人々に重用されてきたから」とか「希少資源だから」「腐食や錆など変質しないから」とか、もっともらしい理由が語られますが、これも結局は「みんなが価値があると思っているから価値がある」といったトートロジーで価値が担保されているだけだと、私は考えています。

はたまた古代のシュメール神話では「アヌンナキという宇宙人が、自分たちの星を守るために必要なゴールドが枯渇したため、地球まで取りに来た」といった記述がありますが、それが価値の源泉なのでしょうか。いずれにしても、ゴールドの価値の源泉は昨日今日に生まれたわけではありません。

しかし、ゴールドもやがて価値を大きく毀損する時代がやってくるでしょう。それ以前に金融システムの改変時期が迫っており、その際には一時的にゴールドの価値が大きく上昇する場面があるのかもしれません。

ドルは下落し続けている

お金の話に戻ります。

さて、ドルの価値を「エイヤッ！」と決めてスタートした世界の金融システムでしたが、その後世界の経済のパイが思いのほか大きくなると同時に、基軸通貨ドルを持つアメリカ経済がベトナム戦争などで疲弊し、ドル基軸体制の維持が厳しくなってきました。

ブレトンウッズ会議からわずか27年後の1971年、アメリカは「ゴールドとドルの兌換（交換）を停止する」と発表したのです。つまりこの時にドルの、ひいては世界中のお金の価値の裏付けはなくなったわけです。

それでももうこの時には世界の経済は回っており、いわば「慣性の法則」が働いたとでも言うか、「みんながドルを信用しているから自分も信用する」といったトートロジーによって金融システムが保たれることになります。この事件は、当時のアメリカ大統領名を付けて「ニクソンショック」と呼ばれています。

裏付けのないお金であっても、世界の金融システムが何となく回ることが確認されたこの時、お金は単独で価値を持つようになったのです。要はゴールドという親から離れたお金の独り立ちですね。

2年後の1973年には現行の変動相場制となるわけですが、ここからお金の中における、ドルの相対的価値の下落が始まります。ドル円に限らず、世界の主要通貨とドルの長期的な価値の変遷は、1973年以降、約50年間は「ドル価値下落の歴史」なのです。

円とスイスフランが世界経済を支えている

「そうは言っても、昨今は強烈な円安ドル高じゃないか」という声が聞こえてきそうです。たしかに本稿執筆時点の為替は1ドル145円（2024年8月21日）と、直近のトレンドから円安に振れていますが、これは何も「ドルが強いから」とか「円が弱いから」ということではありません。「日米に金利差があるから」です。

近年の世界経済は強烈なインフレに見舞われ、とりわけアメリカにおいては2022年6月には9・1パーセントのインフレとなるなど、火消しのために順次、金利を上げてきました。金利が上がれば景気を冷やす、ひいてはインフレを抑制する効果があるからです。

その間日本はずっと「マイナス金利」政策を続けたため、日米金利差がドンドン開きます。こうなると「円キャリートレード」が発生しがちです。

「円キャリートレード」とはカンタンに言えば「円で資金調達したマネーをドルに換えて

資産運用や事業投資を行うこと」を指しますが、これは何も外国人投資家のみならず、国内企業も同様の資産運用を行っているどころか、事業投資にも充てています。

これは、利益を追求する事業会社としてはある意味当然の行動とも言えます。「低金利で資金調達し、高金利で運用する」のは儲けの鉄則にほかならないからです。

ということは、実は次のようなことが言えるのではないでしょうか。金利差をつけることで円が売られ、ドルが買われているわけですから、この構図は大きく見ると「ドルを、円が支えてあげている構図」にほかなりません。グローバルに見ると「低利の円とスイスフランがドルを支え、世界経済を支えている」と言っても差し支えないと思います。

このスタイルは到底持続可能ではありませんので、どこかの段階で基軸通貨のドルが崩壊するか、崩壊させたくないのなら何らかのドラスティックな方策を打ち出すしかないでしょう。その時期はもうそう遠くなく、本書執筆時点では２０２６年あたりと想定しておきたいと思います。

無から有を生む銀行

現行金融システムは、本質的価値がホントのところはあるようなないようなゴールドを裏付けとして始まりました。しかしその裏付けもなくなる中、慣性の法則で動いている、といったお話をしてきましたが、ここからは金融システムの本質的な欠陥というか、限界についてお話しします。経済金融が苦手な方でも実は超カンタンですので大丈夫です。

「国の借金〇〇〇〇兆円！　国民1人あたりの借金〇〇〇万円」みたいなニュースを見ませんか？　あれは何の意味もない、というか事実を大きく誤認させるアナウンスと言っていいでしょう。

そもそも現行システムは「誰かが借金をしてくれることで、誰かの資産ができる」といった構造になっています。金融システムがゼロからスタートすることを想像してください。誰も経済活動を始めておらず、お金がどこにも生まれていない状態です。この状態から、はたしてどうやってお金が世に生まれ出るのでしょうか。

まずはAさんが銀行に100万円の借金をします。するとAさんの通帳に100万円が振り込まれますが、物理的に現物の1万円札が100枚Aさんの口座にやってくるわけではなく、Aさんの口座に100万円という数字が記帳されるだけです。なんか無から有を生む錬金術のようですね。そうです。金融機関というのはこの錬金術を持っていて、何もないところからお金を生み出せることになっているのです。

この時Aさんは「100万円の負債と100万円の資産」を持った状態です。Aさんはこの100万円をBさんが提供する商品を買うために使います。Bさんの通帳に100万円の資産ができます。これでAさんの負債と資産が分かれました。Bさんは20万円を残し、80万円を使ってCさんのサービスやDさんの財を80万円分購入します。

こうして資産はどんどん世の中を巡ります。一方で大元のAさんは、100万円に利息をつけて借金を返済しなければなりません。お金を稼ぐ必要がありますので、自分が用意した商品を売ってお金を受け取ります。そのAさんの商品を買ってお金を払った人は、どこかからお金を受け取っており、それは何らかの財やサービスを売ったか、はたまた労働の対価かもしれません。こうして100万円がぐるぐると市場を駆け巡るわけですが、この時ポイントとなるのは次の2つです。

誰かの借金が誰かの資産に

まず、「誰かが借金したところからお金の流通がスタートする」ということ。誰も借金しないのにこの世にお金が生まれることは、原理的にあり得ないわけです。したがって「誰かが借金してくれるほど、誰かの資産が増える」といった構図になっています。これが現行金融システムの、根本的な原理です。

企業や家計が銀行からお金を借りているという体裁が取られているものの、実際には何もないところからお金が生み出されるという信用創造が行われているわけです。先のニュースに当てはめて言えば「国が借金してくれればくれるほど、家計や企業の資産が増える」ということになるわけです。

金回りの仕組みにおける登場人物は「政府」「企業」「家計」の3つしかありませんから、三者の資産と負債を合計すると、ぴったりゼロになります。

つまり現在は「政府がたくさん借金してくれるほど、企業や家計の資産が増える」といった構図になっているわけです。だから本当は「国が借金している」わけではなく、政府が借金をしており、その主な借金先は日本銀行。そしてその日銀は、日本国債の53・2パーセント（2024年3月現在）を保有しています。国債というのは要するに「借用証書」のようなもので、日銀はその借用証書を担保としてお金を発行するというわけです。

政府が借用証書としての国債発行することで次々とお金を生み出し、日銀と銀行がやり取りをしてお金と債務が生み出され、そこから企業や家計が経済活動を行い、両者に資産と負債が計上される中、企業や家計は資産が大幅に超過、その分は政府が借金を被るといった構図になっているのです。

したがって「日本の債務は断トツのトップでGDPの2倍超え！」「国の借金が大変だ！」という事態の実情は

「借金は国ではなく、政府がしている」

「政府の借金から始めないと、市場にカネが回らない」

ということなのです。そして「政府の借金」を語る際には、同時に「企業」「家計」の資産も論じないと意味がないのです。この三者のそれぞれの資産と負債を足し合わせると、日本は全体で約480兆円の「資産超過」となっています。ということは日本以外のどこかの国が「債務超過」となっており、世界中の資産と負債を足し合わせるとゼロになります。世界の中で日本は借金大国どころか、むしろ「資産大国」なのです。

とはいえ、資産がいくらあってもお金が回らず滞り、流通しなければ経済は機能しません。１９９０年バブル崩壊以降、日本政府は金融引き締めや緊縮財政、消費増税など次々とカネが滞る政策を打ち出します。その結果は見ての通りで、日本は世界で断トツに経済成長しない国となり、国民の賃金は全く上がらなくなり、長いデフレに苦しみ「失われた30年」を経験します。政府が金を出さなくなったため企業や家計の需要が喚起されず、消費も投資もされなくなった結果です。

金利という無限膨張システム

ポイントの2つ目は「この仕組みには、金利がついて回る」ということです。

誰かが借金した場合、そこには必ず金利がついて回ります。ということは、常に経済が成長していないと、どこかで破綻します。そりゃそうですよね。借金で生み出された金に利息を付け続ける必要があるわけですから。

つまり現行金融システムはその構造上「永遠に膨張し続けることが宿命づけられている」と言っていいでしょう。つまり世界の借金・資産の双方の、プラスマイナスのベクトルが無限に膨張する前提となっているわけです。

これは根本的なシステムの欠陥だと私は考えています。なぜなら「宇宙の仕組みに反するから」です。宇宙の仕組みなどと言うと何を荒唐無稽なことを言っているのだと思われるかもしれませんが、冒頭にも触れたように、筆者はこの世に存在するものは全て、宇宙の仕組み、摂理の中にあると考えています。ありとあらゆる生きとし生けるものの命に始まりと終わりがあるように、この世界は循環構造・円環構造になっています。スタジオジブリの映画『千と千尋の神隠し』のキャラクター「カオナシ」がどんどん大きくなっていった後、最後に破綻する姿は、現行金融システムの行く末を暗示しているようです。

慣れ親しんだ、あるのがあたり前だと思っていた現行金融システムも、宇宙の法則上、未来永劫に持続可能ではないわけで、いつしか新システムへの改変時期がやってきます。その移行が、旧システムから新システムへと徐々に、段階的にスイッチしていくのか。それともある日、旧システムが突然シャットダウンし、一気に新システムに切り替わるのか。

「マイルドシナリオ」「ドラスティックシナリオ」の双方が考えられますが、そこがどうなるかはまだわかりません。

すでに米ドルを支えてきた「オイルダラー体制」は終了しています。1974年6月8日にアメリカとサウジアラビアの間で締結された軍事・経済協定は、2024年6月8日までの50年間効力を持つものでした。その中身はカンタンに言えば「石油をドル建てで販売する」というものです。

この協定は50年の時を経て、更新されずに終了しました。サウジアラビアは今後、石油を米ドルのみで販売するのではなく、中国人民元、ユーロ、円を含む複数の通貨で販売することになります。ひとつの時代の終わりです。ドルを支える「はしご」の完全消失です。

台頭するBRICS経済圏

それでは「新金融システム」とはどのようなものでしょうか。

まず大前提として現行金融システム（以降「旧システム」とします）は、「米ドル基軸通貨体制」で成り立ってきました。そして前述した通り「1971年ニクソンショック」や「石油・米ドルペッグ制（固定相場制）」「1985年プラザ合意」などで米ドルを保護しつつ、世界の金融システムを維持してきました。

ところが最近、ロシアや中国などのBRICS（ブリックス）経済圏が台頭し、独自の通貨流通圏を形成し始めています。このBRICS経済圏の規模は現在、G7の30パーセントより大きい36パーセント。今後も仲間に入りたいとする国が増加中で、やがてドル経済圏に肩を並べるどころか、追い抜く勢いです。ブラジル、ロシア、インド、中国、南アフリカの新興5か国の頭文字を合わせて名付けられたBRICSグループに、サウジアラビア、イラン、アラブ首長国連邦、エチオピア、エジプトが加わった10か国のBRICS＋（プラス）では、全ての取引と支払いを米ドルを使わずに自国通貨で行うことに合意しています。ねらいは「ドルの締め出し」です。加盟希望国はシリア、ボリビア、ジンバブエ、キューバ、カメルーンをはじめ、2024年中には40か国を超える見込みです。

またBRICS諸国は、タイ、ラオス、スリランカ、カザフスタン、ベネズエラ、ボリビアなど多くの国と自国通貨で支払いを行う協定を締結。さらにはASEAN10か国も相互の貿易決済に今までのように米ドルは使わないで自国通貨を使う方針を表明しました。

もはや米ドルは覇権通貨ではない

ではドルを使わずに、どうするのでしょうか。

ＢＲＩＣＳは現在、新通貨「The UNIT」の発行を計画中で、ＢＲＩＣＳ＋ビジネス評議会「金融サービスおよび投資ワーキンググループ」ですでに議論されており、早ければ2025年にＢＲＩＣＳ＋の公式政策となる見込みです。ＢＲＩＣＳが主に国家間決済用通貨として利用する新通貨「The UNIT」の通貨価値は、金40％、ＢＲＩＣＳ＋通貨60％で価値を構成する半金本位通貨でペッグ制（固定相場制）。分散型台帳（ブロックチェーン）を採用し、ドルのようにどこかひとつの主体が使用・保有を制限できることがない非政治的通貨であるとしています。

このような状況を受けて米経済学者ジェフリー・サックス氏は次のように述べています。「ＢＲＩＣＳの経済は米国やその同盟国の経済よりも大きい。ワシントンでは一種のパニックが起きており、それは不安の神経症にまで高じている」

少なくとも、もうすでに米ドルは覇権通貨ではありません。米ドルが価値の源泉となる覇権通貨の地位を脅かされ、やがて追い越されようとしているのに、米ドルが今の水準であるのは、大きな市場の歪みであると私は考えています。

テキサス州では新ドルを準備

さらには米国内においても、通貨の大きな分断劇が起きそうです。本書が刊行された直後には米大統領選が行われます。共和党候補のトランプ再選の可能性もあるわけですが、トランプ陣営というか共和党陣営は現在なんと、テキサス州を中心に南部で「新ドル」を準備しているのです。詳細は明らかになっていませんが、旧ドルのように裏付けのないものではなく、ゴールド（金）や銀などと紐づけられた形で進めるようです。

「世界経済は大きく成長したのに、それを裏付ける金銀の絶対量が足りるはずがない。したがって実現しない」という意見も多いのですが、私はそんなことはないと思います。例えばゴールドやシルバーの価格水準・基準を変えればいいのです。仮にトランプ政権となってこのシステムがスタートし、米国内はおろか、世界中で「2つのドル」が使われることになったらどうなるでしょう。

ＢＲＩＣＳ経済圏に、そして新ドルにパイを奪われるという、旧ドルにとっては悪夢のような構図です。しかしそもそも前述した通り、現行金融システムは持続可能ではなく、わけても旧ドルは、アメリカが天文学的な債務を抱えており、このままいくと永遠に債務を膨張させ続けるしかありません。いつかどこかで終わりにする、切り替える必要があるでしょう。そのタイミングは、もうそこまで迫っているのではないでしょうか。

ＦＲＢからの開放

「現行金融体制を、そうかんたんに変更できるわけがない」と思う人もいるかもしれません。ところが２０２４年5月30日、米最高裁判所は「連邦準備制度は解散し、国営銀行は独自の通貨を発行できる」との判決を出しています。具体的には次のような内容です。

「州銀行は独自の金担保通貨を発行できる」
「国営銀行は連邦準備制度の憲章に従う必要はない」

すでにアラバマ州、ルイジアナ州、ユタ州、ウィスコンシン州、ネブラスカ州、ケンタッキー州がCBDC（中央銀行が発行するデジタル通貨）の拒否を表明しており、共和党が強い米下院では、連邦準備制度の構成機関のひとつである連邦準備制度理事会（FRB）によるCBDCの設立を禁止する法案を可決するなどの動きを見せています。

そしてユタ州、ウィスコンシン州、ネブラスカ州、ケンタッキー州、アリゾナ州、アーカンソー州、アラバマ州では、金銀の売却利益に対する課税が廃止されました。アイオワ州、ジョージア州、オクラホマ州、ミズーリ州、カンザス州は検討中ですが、やはり課税を廃止するでしょう（2024年8月現在）。

この政策の狙いは、国民に金銀保有を促すこと。担保の保有を政府のみならず国民にも分散させる狙いがあります。

2025年にはテキサス州に証券取引所が開設され、取引が開始される見込みです。これには世界最大の資産運用会社ブラックロックなど20社以上の投資家が支援しており、こうして米金融の中心は「北から南へ」と移行しつつあるのです。

その時、何が起きるか

旧システムから「新金融システム」に切り替わる時、いったい何が起こるでしょうか。

まず考えられるのは「国家デフォルト（財政破綻）」です。世界の金融はつながっていますから、アメリカ発だとしても日本発だとしても事態としては同じだろうと思います。

これまでキューバやアルゼンチン、ジンバブエ、ギリシャなどが財政破綻を起こしてきましたが、どの国も経済のパイは限定的で、世界の金融システムを揺るがすような事態に至ることはありませんでした。

しかしアメリカがデフォルトに陥ったらどうなるでしょうか。あるいは日本がデフォルトとなったら。日本の実質的な財政の姿は前述した通りですが、国債が消化できない、金利が暴騰するなどすればその可能性は十分あり得ます。

いずれにせよ、日米欧のどこが財政破綻しても、その動きは連鎖すると思います。世界の金融が止まるイメージです。一時的にハイパーインフレといった状況が起き、米ドルや円、ユーロなど主要通貨の価値は限りなくゼロに近づくでしょう。18世紀のフランス革命直後のハイパーインフレ。19世紀、南北戦争直後のアメリカ合衆国で発生したハイパーインフレ。20世紀初頭、第一次世界大戦敗戦後のドイツで発生した1兆倍のハイパーインフレ。帝政が終わったロシアで発生した６００億倍のハイパーインフレ。そのようなハイパーインフレが世界規模で起きるイメージです。

とはいえ日本の終戦直後のように、生産設備や労働力が大幅に失われたわけではありません。金融システムが破綻し機能不全となっただけで、目にする世界は何も変わりがありません。一定の混乱・混沌の後、ほどなく新金融システムがスタートするはずです。

この新金融システムでは、国と中央銀行のあり方や、マネーを生み出す仕組みそのものが見直される可能性が高いでしょう。アメリカ南部で準備している金銀本位制、ＢＲＩＣＳの新通貨体制、あるいはＩＭＦ（国際通貨基金）のＳＤＲ（通貨の特別引き出し権）を裏付けとして各国のマネー発行量が決められるなど、さまざまなパターンが考えられます。

こうした話をすると不安に思われる方もいらっしゃるかもしれませんが、数か月か数年か、一定の混乱・混沌は不可避なものの、やがて新システムが定着し安定するでしょう。

もっとマイルドなシナリオも考えられます。連鎖的・世界的なデフォルトなど起きることなく、旧システムから新システムへと、徐々に移行していくといったパターンです。

いずれにせよ私たちは、無限膨張が宿命づけられた「カオナシ金融システム」から脱却し、新金融システムの下で、経済活動を始めるのです。

筆者は何も「現行システムが悪だ」と言いたいわけではありません。イギリス発の産業革命の波を広げ、世界に財やサービスを行き渡らせるツールとしての現行システムが役割を終え、次世代システムに置き換わる時が来たと申し上げたいだけなのです。

第5章 金融リセット後の新しい世界

ガラッとモードが切り替わる

日本がデフォルトに陥ろうが、金融システムが入れ替わろうが、地球は回り、世の中も、私たちの人生も続きます。そしてこの時には、すでに賞味期限切れになっている旧来型の考え方や常識や仕組みもおおむね一掃されているとみていいでしょう。

例えば「年功序列」「終身雇用」といった会社勤めの常識はすでに過去のものになりつつありますが、そんな常識があったこと自体忘れ去られていくことになるでしょう。

なぜなら、金融システムの入れ替えで「お金の定義」が変わり、テクノロジーの進展も相まって「仕事の定義そのもの」が変わってしまうからです。明治維新の後、ちょんまげを結っていた武士がいなくなり、散切りアタマになっていったように、戦後にそれまでの軍国教育が一瞬にして消滅したように、モードがガラッと切り替わるイメージです。

では旧システムがなくなり新システムに移行した後、私たちは何を考え、どう生きていけばよいのでしょうか。前述した通り私は

「大きいものから小さいものへ」
「重いものから軽いものへ」
「マクロからミクロへ」
「見えるものから見えないものへ」
「物質から精神へ」

と時代の重心がシフトすると考えています。そしてAIやロボットなどのテクノロジーが台頭します。

まず私たちは、徐々に労働から解放されることになるでしょう。かつて産業革命の波が押し寄せ、工場における技術革新や、蒸気機関の開発による蒸気船や鉄道の発明が仕事のあり方を大きく変えました。工場に最新設備が導入されることで多くの労働者が「仕事を奪われる」として不安に駆られ、機械を打ち壊す行動に出るなどの事件が勃発しました。

しかし産業革命は私たちの生活を一変させるとともに、労働のあり方を根本的に変えたことで、紆余曲折はあったものの、私たちは格段に生活利便性を高め現在に至っています。

台頭するAI

かつて駅の改札口には「切符切り」がいたことをご存じでしょうか。デパートには扉を開閉し各階を案内する「エレベーターボーイ」や「エレベーターガール」がいました。電話は「電話交換手」がつないでいましたが、これらは現在、無人で機能しています。

もうすでに多くのレストランで配膳ロボが登場し、注文は端末で行っており、今後さらに省力化が進むでしょう。すでにインターネット上のニュースは部分的にAIが作成しています。やがてコンビニもスーパーも無人に。ネットショッピングや企業への問い合わせ対応は、今よりはるかに進化したAIに取って代わられるはずです。自動車の自動運転も普及するでしょう。

こうして私たちの生活利便性は格段に高まると同時に、仕事も失われていきます。その時、私たちはAIやロボットの打ち壊しを行うのでしょうか？　おそらくそうはならないでしょう。

社会の労働生産性が極まるほど、仕事が不要になるのはある意味あたり前の話です。したがって、働かなくてもよい社会にドンドン近づいていきます。「そんなことを言っても働かないと食っていけない」と思うかもしれません。その心は「働いてお金を稼がなければならないから」ですよね。つまり「仕事」が必要なのではなく「お金」が必要なわけです。

導入されるベーシックインカム

この時、もし働かなくても一定の収入が得られる「ベーシックインカム」といった制度が導入されたらどうなるでしょうか？　もちろんその額にもよりますよね。どの程度のインカムがあれば働かなくていいでしょうか？　昨今の物価水準も考慮すると、例えば月7万円くらいでは厳しいですよね。月13万円だとどうでしょう。家賃の安めのところに住み、水道光熱費や食費を削れば何とか、というところでしょうか。月20万円なら、ぜいたくはできませんが生きていけるはずです。

ところでこれは「一人あたり」の金額ですから、2人暮らしなら世帯収入は2倍。3人暮らしなら3倍と、そのスケールメリットが働きます。したがって、血のつながった家族でなくても、より効率のよい暮らしを目指して何人かで共同生活をするなど、シェアハウスのようなものが今より普及するかもしれません。

さてこのような話をすると「そのベーシックインカムとやらの財源はどうするのだ」といった声が聞こえてきそうですが、結論を申し上げれば、ゼンゼン心配ありません。

前述したように、そもそも今私たちが使っているお金は、1971年のニクソンショックでゴールドとの紐づけがなくなって以降、そもそも何の裏付けもありません。その裏付けのないお金で、世の中は回っているわけです。「財源」という単語そのものが空虚で、そこには何の意味もないのです。

これまで通りの教科書的なアタマで考えると「増税するか、経済成長するしかない」となりますが、このような考え方自体がある意味ナンセンスだということです。繰り返しになりますが、現行の金融システムはその設計段階から根本的な欠陥を抱えるものであり、マネーは無から生み出されています。これはよいとか悪いとかいう話ではなく、「これまではこういうルールでやってきた」という、ただそれだけの話です。「モノポリー」や「人生ゲーム」や「すごろく」といったボードゲーム同様、マネーのルールがそうなっていたというだけの話であり、このルールをひっくり返して、新しい金融システムでは新しいゲーム盤に替えてリスタートするのです。

年金や生活保護を組み合わせると複雑になるため、両者は廃止され、ベーシックインカムに統一されると筆者は考えています。さてそうなると、映画『ターミネーター』のように、機械に支配されるディストピアが訪れるんじゃないかとか、AIやロボットを所有する一部の資本家に搾取される奴隷のようになるのではないか、といった不安がこみあげてくる人もいるかもしれません。しかし前述した宇宙の幾何学構造や大きな流れを踏まえると、そういうことにはなりませんので安心してください。

ただし、ベーシックインカムの導入で、お金のために働かなくていい社会となった時、人々のありとあらゆる価値観はコペルニクス的転回を迎えることになるかもしれません。発想や行動が根本的に変わってしまうということです。最も大きく変わりそうなのが「仕事のあり方」でしょう。

働かない人を雇用する必要がなくなる

これまで多くの人にとって「仕事」の目的は「お金を稼ぐこと」であったと思います。

しかし一定のベーシックインカムによって、そんなにぜいたくはできないけれど、住む場所や食うには困らない程度の生活ができる場合、どうなるでしょうか。

おそらく結構な割合の人が全く働かなくなると思います。でもそれでいいのではないでしょうか。そもそもすでに多くの企業で、「仕事をしているようでいて、実は何もしていない人」がどれだけいることか。これは統計こそありませんが、企業にお勤めの方なら体感しているのではないでしょうか。特に大企業では。

日本の労働法制は、他国のように雇用側からカンタンに解雇はできないので、こうした労働生産性の低い人も雇用を続けなければならず、要は「働いてない人の分も含めて誰かが稼ぐ」といった状態になっています。本来は国が担うべき社会福祉制度を企業が肩代わりしているようなものです。

言葉を選ばず言えば、企業側から見て働かない、労働生産性の低い、あるいは組織によい影響を与えていないと判断される社員を、企業は抱え続けている必要があったのです。

例えば「終身雇用」。日本企業は、労働者に対して長期的な雇用を約束する終身雇用制度を取り入れました。これにより、労働者は安定した収入と生活を確保することができ、社会全体の安定にも寄与しました。

次に「年功序列」。終身雇用と並行して、年功序列に基づく昇給・昇進制度がありました。これにより、労働者は年齢とともに収入が増え、家庭の経済基盤が安定しました。

労働法制を変え、雇用のあり方を見直せば、企業の労働生産性は現在より格段に高まり、関係者の給与ももっと高くなっていたはずです。ここにも15：70：15の三極化の法則が働いており、多くの企業で「15パーセントの猛烈に稼ぐ人」「70パーセントの言われた事務的仕事だけをする人」「15パーセントの全く働かない人」という構図が成立していると思われます。

ベーシックインカムの導入で、本当に全く働かない人は、1日中部屋にこもってゲームをしているかもしれません。それでもゲームに課金するといった経済活動には参加しているほか、衣食住の消費行動に貢献しています。ベーシックインカム分として投入されたマネーは経済活動に還元されますし、何より企業は「働かない人」を囲っておく必要がなくなり、労働生産性が格段に高まるでしょう。

必要がなくなる企業内福祉

江戸時代には、近隣同士で助け合ったり連帯責任を負ったりする「五人組制度」がありました。明治初期には福祉組合や相互扶助組合の制度ができましたが、その実態は活動が細々と行われていた程度で人々の関心は薄く、明治後半には政府の意向により活動の規模は縮小していきました。

しかし昭和20年の終戦以降、日本の福祉政策が現在の形に向けて本格化します。終戦直後の昭和20年代には「生活保護法」「児童福祉法」「身体障害者福祉法」のいわゆる「福祉三法」が成立。さらに昭和30年代には「知的障害者福祉法」「老人福祉法」「母子福祉法（母子及び父子並びに寡婦福祉法）」を加えた「福祉六法」で福祉を進めてきましたが、こうした枠に当てはまらない、主に企業に勤める社員に向けた社会福祉的なサービスは事実上、企業の役割だったのです。

例えば「企業内福祉」。大企業を中心に、労働者の福利厚生を充実させる企業が多く見られました。具体的には「保育所」や「社員寮」「社宅」「健康診断や健康管理」「社員食堂」

など。働く親の育児負担の軽減や、住居費の負担減少、健康維持が図られました。

さらには「企業年金」。公的年金に加えて、企業が独自に設ける年金制度が普及。退職後の生活を安定させることが目的です。他にも、定年後の再雇用制度を設けることで、高齢者が引き続き働ける環境を整え、高齢者の生活の安定化と社会参加を促しました。

しかし、バブル崩壊後の経済停滞やグローバル競争の激化に伴い、これらの制度が見直されるケースも増えてきています。

こうした企業の取り組みは、社会全体の福祉向上に寄与してきたと言えます。しかし、仮にベーシックインカムが発動した場合、この構図が一変するでしょう。

まず企業が必ずしも終身雇用や年功序列を維持する必要はなくなるはずです。もっとも、多くの企業でもはやこの構図は崩れつつあります。企業年金なども用意する必要がなくなり、企業の負担が減ることで、より利益率が向上することとなるでしょう。

前述した通り、財源は特に留意する必要はなく、年金や生活保護は廃止となり、ベーシックインカム一本に統一、といったことになるのではないでしょうか。むろん細かな配分の調整は必要でしょう。

活発になる地域の活動

さらに期待できることがあります。

「お金を稼ぐために働かなくてよい」となった場合、多くの人々に時間的・精神的ゆとりが生まれます。町内会の活動、子供の学校のPTA活動、マンションの管理組合など、こうした社会活動は基本的に労働対価が発生しないいわゆる「ボランティア」と言えるものですが、私たちの社会を円滑に運営するためには欠かせないものです。

しかし、例えばマンション管理組合の運営は、多くのマンションではほんの一部の有志によって支えられているのが実情です。管理組合員は所有者で構成されていますが、その多くがマンション管理には無関心であり、関心があっても、仕事や自身の身の回りのことで忙しく、管理組合活動に振り向ける時間がない、少ないのが実態です。町内会や学校のPTA活動も同様でしょう。ところが時間的、精神的に余裕ができれば、このような活動にも積極的に参加する人が増えてくるのではないでしょうか。

隣のお年寄りや子供、そのほか地域で困っている人の面倒を見る「民生委員」のような活動を行う人も現れることでしょう。

「民生委員」は、厚生労働大臣から委嘱され、それぞれの地域で、社会福祉の増進のために、地域住民の立場から生活や福祉全般に関する相談・援助活動を行っている方々です。

この民生委員は「児童委員」も兼ねており、妊娠中の心配ごとや子育ての不安に関する様々な相談や支援を行っています。核家族化が進み、地域社会のつながりが薄くなっている昨今では、子育てや介護の悩みを抱える人や、障害のある方・高齢者などが孤立し、必要な支援を受けられないケースがあります。そんな地域住民の身近な相談相手となり、支援を必要とする住民と行政や専門機関をつなぐパイプ役を務めているのが民生委員です。

こうした私たちの暮らしを地道にコツコツと支える人々による、地域貢献・コミュニティ運営・社会福祉活動が活発化し、より包摂性のある、持続可能な社会づくりの基盤ができやすくなるのではないでしょうか。

また、本格的にお金を稼ぐまでには至っていないものの、独自の「得意分野・専門分野」を持っている人は世の中にたくさんいます。

例を挙げればきりがありませんが、歌や楽器の演奏が得意な人は、そこに大きな報酬が発生しなくても、地域や一定のコミュニティのイベントなどで、参加者を喜ばせることができるでしょう。FP（ファイナンシャル・プランナー）などの専門資格をお持ちの方なら、マネーの取り扱いや相続の初期的な相談を受け、喜んでもらえます。

特段専門分野をお持ちでない場合でも、例えば「人の話を聞いてあげる」「相談相手になる」といった準民生委員のような活動も、大いに人の役に立つはずです。その他、絵が得意な人、手芸・工芸が得意な人もたくさんいるはず。こうした個々の能力を発揮できる機会があれば、受ける側も嬉しく、提供する側も楽しくやりがいもあり、喜んでもらえれば嬉しいわけで、これまでになかった豊かさや喜びを感じられる土壌ができるでしょう。

歴史を振り返れば、戦中から戦後、江戸時代から明治時代などの大きな節目には、オセロのゲーム盤の石が黒から白へと塗り替わる以上の、ゲーム盤ごとひっくり返して新しいルールのゲーム盤に取り換えるようなことが、何度もありました。そのくらいインパクトの大きい変革が、そう遠くない未来にやってくるでしょう。私たちは、歴史的な大転換の入り口に立っているどころか、すでにその最中にいるのです。

第6章
大変革期の資産戦略

マイルドシナリオの場合

さて、このような歴史的な大転換の中にあって、私たちの資産や財産をどのようにして守り、あるいは増やせばいいのでしょうか。

「国家財政破綻でお金が紙切れになるのではないか」とか「株や不動産などの価値はどうなるのか」などなど不安や悩みは尽きないと思います。が、簡潔に結論を言えば、そんなに心配する必要はないと思いますし、何も難しい話ではありません。具体的にどうなりそうか、考察してみましょう。

まず考えたいのは、現行金融システムが入れ替わる際に、「マイルドシナリオ」になるのか「ドラスティックシナリオ」になるのか、という点です。

マイルドシナリオの場合は例えば、基軸通貨ドルが一瞬にして価値を大きく損なうというわけではなく、旧ドルから新ドルへと徐々に移行が行われ、ドル基軸体制から覇権通貨のない多極型通貨体制へと、数年かけて緩やかなチェンジが進行するといったケースです。

このような状況において、通貨の中で最後まで粘り強く価値を保ち続けられるのは、日本円、次にスイスフランだと思います。とはいえ円もスイスフランもドルもユーロも「既存通貨」の範疇であることに変わりはありません。リーマン・ショック以降、さらには2020年コロナ禍以降、天文学的な通貨発行を続けてきた中で、インフレが生じ、モノの価値が上がると同時に、相対的にマネーの価値が下がってきましたが、それ以上の速度で、各国通貨の価値は下落しそうです。

マネーの価値に揺らぎが生じれば不動産、ゴールドや銀といった商品、絵画や高級ワイン、高級車といった実物資産の相対的な価値が上昇します。とはいえここでも三極化の構図が働いていることに変わりはありません。

例えば、一口に不動産と言っても前述したように「15：70：15」の法則性の中で「価値維持ないしは上昇」「だらだら下落」「無価値あるいはマイナス価値」に分かれていくはずです。1990年バブル崩壊以降続いてきた三極化の構図が、さらに勢いを増して、誰の目にも明らかなコントラストをつけて極まっていくというイメージです。

ビットコインやイーサリアムといった代表的な仮想通貨も上昇するでしょう。ただしかつて1500種類以上の仮想通貨が価値を持った仮想通貨ブームのようなことにはならず、ここにも三極化の構図が働き、上昇するのは上位数銘柄に留まると思います。

株価は、金融市場が揺らげば一定程度の混乱はありそうですし、とりわけ基軸通貨ドルの信頼が損なわれれば金融市場全般におけるドル不足が生じ、資金繰りのためにやむを得ず株などを売って手当てするといったことも起きそうですが、それはあくまで一時的な現象でしょう。

これは何も株に限ったことではなく、資産市場全体の話です。現金や預金と並んで、有価証券（株式・債券・投資信託）などは「ペーパーアセット（Paper Asset）」、つまり「紙の資産」であり、それ自体が価値を持たないとされますが、有価証券のうち株式は、いわば「企業の区分所有権」みたいなもので、不動産で言えばマンションのようなものと位置づけるのが正しく、ゴールドや不動産などの「ハードアセット（Hard Asset）」の分野と見ていいと思います。

金融市場がどのようになっても、やがて新システムの下、形を変え価値観を変えて経済活動は続くわけで、企業がこの世からなくなるというわけではありません。ただしここでも例外なく三極化の構図が働き、株価も「価値維持ないしは上昇」「だらだら下落」「無価値あるいはマイナス価値」のコントラストが明白になるということです。

「金融リセット後は資産の意味が希薄化する・なくなる」といった意見も見られますが、おそらくそうはならないでしょう。なぜなら今回の大変革では「所有権がなくなる」といったことにはならないと思うからです。

「所有権って、よくよく考えるとおかしいよね」とか「所有権が富の偏在を促す悪の根源だ」といった意見も見かけますし、私もその主張には基本的に同意を示したいのですが、所有権が完全になくなる世の中になるのは、おそらくまだずいぶん先のことになるだろうと思います。人類の意識はまだそこまで進化していないと考えられるからです。

現段階で所有権をなくしてしまうと「奪い合い」が起きるのではないでしょうか。仏教で言う「餓鬼」のような世界観で、要はまだ物心共に満たされていない人が世界にはたくさんいるということです。

株は大化けの可能性も

金融リセット後、三極化上位15パーセントの伸びる一部の株を保有している分には安泰どころか、大きな資産形成ができることになるでしょう。

中には大化けする株も出てくるはずです。iPhoneやMacを提供するアップルは１９８０年に米ナスダックに上場しましたが、それから40年余り経過した現在、アップル株１株の価値は１２５０倍となっています。アマゾンの上場は１９９７年ですが、株価は１７００倍に膨れ上がっています。仮に、アマゾン上場時に１００万円分の株を買っておけば、17億円になっていたわけです。

これからやってくる社会の大変革期においてはこのようなことが容易に起こり得るでしょうし、ここまでドラスティックに大化けする株でなくとも、安定的に成長できる企業はいくらでもあるはずで、ちょっとやそっと金融市場が揺らぎ上下動があったところで、中長期的に見れば、投資は王道に徹すればいいと思います。

もちろん時代の大変革期ですから「これまで安定成長していたのに、大きく凋落する、衰退する」といった企業も多いであろうことは容易に想定でき、三極化の構図が見事に働くでしょう。

２００９年に誕生した当初のビットコインの価格は、０・０７円でしたが、その時に１

ビットコインを買っておけば今ではおよそ1000万円と、約1億4000万倍になっています。

仮想通貨は、これから訪れる金融リセットといった文脈において、通貨の信認が薄れ金融システム不安に見舞われる中で、その逃避先として選好され、大きく上昇する局面があるかもしれません。とはいえ長期的に見れば、つまり次世代金融システムがある程度機能した後は、一気に不人気化する可能性もあります。なぜなら、仮想通貨こそ「裏付けのない資産の代表格」であるためです。マネーロンダリングに使われやすい性質もあります。

いずれにせよ、この世にはあまねく幾何学構造が機能していることを思い出してください。そして、たとえ資本主義経済ゲームのルールが入れ替わるとしても、経済活動そのものがなくなるわけではないということも心に留めておきましょう。

ドラスティックシナリオの場合

気になるのは「ドラスティックシナリオ」の場合です。

例えば、新ドルが機能すると認識された時、あるいは機能し始めた時、米ドルの信用が失墜し、米国債金利が急騰してデフォルト。日本国債が買われず価格低下で歯止めの利かない金利上昇。国債消化できず財政破綻など、様々なケースが考えられます。

しかしいずれにしても、世界の金融システムは「一蓮托生」です。日米欧のどこかがデフォルトとなれば世界中で連鎖的デフォルトが起きるといった可能性も十分あり得ます。

金融システムはシャットダウンし、株もゴールドも不動産も資産市場全般が資金繰りのため同時に急落するとか、そもそも取引ができないといったことも想定できます。2024年6月4日には米バークシャー・ハサウェイの株価がゼロとなるシステムトラブルが起きましたが、あれも何らかの兆候なのかもしれません。

とはいえ、これはあくまで金融システムの破綻であるため、ゴールドや不動産、その他商品といったペーパーアセット以外のハードアセットに多くが逃げ込むといったことが起きる可能性が高いでしょう。前述したようにビットコインやイーサリアムといった代表的な仮想通貨は、格好の逃避先として好まれるはずです。

この時、各国政府の莫大な負債がチャラとなり、言い換えれば各国の国債価格はゼロとなり、といった大混乱の中、破綻後の処理というか、リセットが一通り終わると、金融システムは再び機能し始めるはずです。この時に「新金融システム」へと移行するシナリオです。

このケースでは、従来型の金融システム、つまり「まず政府が借金をすることで市場にお金を流す」といった一連のプロセスを通じるのではなく、例えば「金本位制に戻る」「金銀をはじめ、複数の実物本位制となる」「各国GDPなど経済力に応じた通貨発行量が定められる」「IMFのSDR（通貨の特別引き出し権）の割り当てに応じてその範囲の中で通貨発行が行われる」など様々なケースが想定できます。それぞれ特徴は異なるものの、結局のところ、経済活動は続きます。

ドラスティックシナリオでは、一時的に流通システムが機能しなくなる可能性が高いでしょう。電気・ガス・水道が止まる可能性もあります。最低限生きていくために必要な、水や食料、電源などは確保しておいた方がいいかもしれません。どの程度の期間の確保が必要かは、各自ご判断ください。

無限膨張を宿命づけられてきた理由の根源となる「金利」はどうなるでしょうか。

宇宙の仕組み、自然の法則や構造にそぐわないものは不自然であり本質的ではありませんが、今回金利が完全になくなるかどうかまでは未知数だと見ています。

したがって、金融リセット後も価値を維持でき上昇可能性のある資産を保持していれば何の問題もないどころか、今回のようなドラスティックな変革期には、大きく資産形成ができるチャンスもあると見ていいでしょう。

社会の大変革期にはやはり、人心が「15：70：15」に分かれます。マスの70パーセントは大激変に翻弄され、慌てふためくばかりで何もできず、対応も後手後手に。下位の15パーセントはそもそも大激変が起きていることも気づかず、あるいは心理的に拒絶し何も行動できません。上位の15パーセントが時代に先駆けて資産形成し、新しい生き方をいち早くスタートさせるなどでリセット後を謳歌する、といった状況になるかと思います。

新たな仕事のニーズ

金融リセットが起こり、同時にＡＩやロボットなどテクノロジーの進展により多くの人が従来型の「お金を稼ぐための労働」から解放され、「ベーシックインカム」といった制度がスタートしても、「仕事」がゼロになるわけではないでしょう。

残る仕事。それは言うまでもなく、ＡＩやロボットなどテクノロジーには代替できない仕事です。

例えば不動産業界の未来。不動産を買いたいと思い立ってオンラインで不動産屋さんに問い合わせると、優秀なＡＩがあなたにふさわしい物件を即座に紹介してくれるのはもちろん、資金計画や、そもそも「持ち家か賃貸か」とか「どこに住むのがいいのか」といったことまで、あなたにカスタマイズした回答をしてくれます。

物件見学の際には現地のスマートキーを開けて内見。気に入って借りたい・買いたいとなればオンラインで申し込み。契約合意に至れば契約書などのやり取りはオンラインでペーパーレスは当たり前。引き渡し後は鍵が郵送されてくるかスマートキーをセッティングしてもらえば取引完了です。

不動産屋さんはこれまでひとつの契約を行う際に、役所や水道局、法務局などの官公庁を1～2日かけて回り、さらに数時間かけて契約関係書類を作成する必要がありましたが、こうした情報が一元化されデータ化されれば、ボタンをクリックするだけで瞬時に完了します。こうして従来型の不動産営業の仕事は不要となるでしょう。不動産取引は原則、「無人・オンライン取引」ということになりそうです。

　では、それほど重くはない意思決定で済む賃貸契約ならまだしも、大きな買い物である売買ではどうでしょうか。複数回の不動産取引を経験した人なら、全てＡＩとのやり取り、オンライン取引でも抵抗ないかもしれません。一方で、どうしても生身の人間とやり取りしたい、アドバイスを聞きたいといったニーズはゼロにはならないでしょう。ただしこれには人件費がかかりますからオプション料金の扱いでしょう。

　誰のアドバイスでもよいわけではなく、「あの人のアドバイスを聞きたい」「あの人から買いたい」といった、プロフェッショナルな個人に紐づいたニーズが必ず出てくると思います。

　このようなサービスには希少性が伴いますので、不動産取引で言えば従来の仲介手数料である「物件価格の3パーセント」といった報酬規定上限を超え、もっと高額な報酬が発生するようになるなど、レアなビジネス形態が生まれるのではないでしょうか。

「500万円、いや1000万円払ってでもあの人のアドバイスやサービスを受けたい」と顧客から求められるスーパービジネスパーソンの誕生です。テクノロジーの進展で従来のサービスが安価に、適切に受けられるようになる一方、人に紐づいたぜいたくなオプションが新たに誕生するといったイメージです。

「個性」「特性」を売る時代

このような展開は、どの業界でも起きることが容易に想像できます。

例えば、とあるジャンルの音楽を聴きたければネットにはいくらでも転がっているものの、特定のアーティストの作品を聴きたい、ライブに行きたいといった場合にはお金を払うといったことはすでに行われています。音楽のほか、絵画をはじめアート系の領域ではすでにそうした取引が成立しています。これが、あらゆるビジネス領域で展開されるといったイメージです。

ただしどんな領域でも、ということにはならないでしょう。

例えばコンビニやスーパーで買い物をするといった、日常の、差別化しにくい事業領域では徹底的な省力化が行われることとなり、ほんの一部で「ちょっと高くても、あの人がいるお店で、あの人から買いたい」といったニーズが出てくることになるでしょう。

肉や野菜などの食料品は、さらなるテクノロジーの進展で生産が容易になると思われ、より低廉な価格で流通しそうですが、ここでもやはり「あの人が作った野菜が食べたい」といった特定の生産者へのニーズが今より強烈に生まれ、やはり高額取引となるはずです。あらゆる医療もコンサル業も、エステなども、同文脈に置かれることとなるはずです。

ビジネスの世界では、個人も企業も「個性」「特性」を売る時代になっています。大企業でもない限りマスを相手にする必要はなく、相思相愛の顧客と深くつながればよいでしょう。そのツールとして各種ＳＮＳがあります。ＸでもYouTubeでもnoteでも何でもいいので、媒体特徴を理解して、相思相愛になれる顧客に向け、ガンガン発信しましょう。

3つに分かれる所得形態

さてここまで見てくると、金融新システム後の所得形態は大きく次の３つに分けられそうです。

「ベーシックインカムで、食うには困らない生活ができる人」

「ニーズをつかみ、高額な報酬を得る人」
「株の配当や不動産収入など、資産から収入を得る人」

このような話は何やら「格差社会が助長される」といったニュアンスをもって受け取られがちですが、必ずしもそのような風潮にはならないと考えます。

そもそも人はそれぞれ「幸せに生きたい」と思っているだけで、その幸せの価値観は、文字通り千差万別です。

「ぜいたくには全く興味がなく、そこそこの生活ができれば十分。それより、やりたくもない労働から解放され、1日中自分が好きなことができるのが幸せ」

という人もいるでしょうし、

「報酬が発生しなくても自分ができる範囲で人や世の中の役に立てるのが幸せ」

という人もいるでしょう。

「テクノロジーを最大限活用しながらも、AIやロボットには決して代替できない、人間ならでは、自分ならではの財やサービスを提供して稼ぎたい」

「十分な資産を持ってゆったり暮らしたい」

という人もいるはずです。

これまでの文脈で想起される「格差社会」ということではなく「各自が望む生き方が可能となる選択肢ができる」といったイメージです。前述した通り、これまでは「生きていくためにはお金が必要で、そのために、場合によってはやりたくもない仕事をせざるを得なかった」という人の方が多かったのではないでしょうか。そうしたくびきから解き放たれ、より生きやすい時代が到来するというわけです。

ボーナスタイムがやってくる

導入当時は画期的で意義のあった製品やサービス、社会制度も、時間がたつと陳腐化、チープ化してくるため、節目節目で大きな転換をしてきたように、今回のグレートリセットは、これまでのあらゆる変革を全部足したような、ある種の「総決算」のような時期にあたるものと私は見ています。

こうした、人類史上まれに見るタイミングに居合わせることを、不安に思うのか、それとも期待でワクワクするのか。双方の気持ちが入り交じるという方もいると思いますが、結局私たちは、どのような時代、どのような局面に遭遇したとしても、その時点でできる、可能な限りの建設的な思考と行動をするのがベストな態度であることには変わりありません。未来に対して過度に不安を持つと「心ここにあらず」となります。

つまり、思考と行動がおぼつかなくなり「今を生きる」といったことができなくなります。そのような混沌とした「今」がもたらすあなたの未来はどうなるでしょうか。このことがわかれば、今、自身が取るべき心構えや行動が、おのずと決まり、腹が据わってくるのではないかと思います。

私たちは「やってくる新社会」を迎えるにあたり、まずはその手前の「混乱・混沌」に上手に対処しつつ、未来への布石も同時に打っておく必要があります。

明治維新直後、それまで刀を差しちょんまげを結っていた武士は、新時代にうまく対応して散切り頭で文明開化の波に乗った人と、現実を受け入れられずフリーズし続けた人に大きく分かれたはずです。1990年に東西ドイツが統一した際、東側の人たちは西側の自由主義・資本主義に即応できた人と、そうでない人に大きく分かれました。

こうした時代の変革期には「やりたい、やろう」と思ったことが実現しやすくなります。社会体制ががっちり固まっている定常状態では、そこから飛躍した思考や行動は起こしにくく、様々な意味での障壁も多いのですが、混乱・混沌期はそもそも既存体制が崩壊する最中であり、また多くの人が自分のことに精いっぱいで、よくも悪くも他人にかまっていられないところがあります。要は「しばりが緩い」のです。一見、変革の波で社会不安が押し寄せるような時こそ、新しいことがやりやすくなります。

つまり「やったもん勝ち」です。思い切って、ぜひやりたいことをやってしまいましょう。自身が思いつくことはたいてい実現できます。できないことはそもそも思いつかないからです。

どうぞ自分に自信を持って、大きく足を踏み出してみてください。行動を起こす前にあれこれ考えても無駄。なぜなら行動を起こしたとたん、事前には予測できなかった事態が次々と立ち現れてくるからです。

これは、慎重派には到底受け入れられないかもしれません。社会が定常状態にある時は、よく考えて行動することが一定程度求められるものの、現在のような変革期では、そのような姿勢ではチャンスを逃してしまいます。

自分自身の直感に従って行動するのが、仕事に限らずありとあらゆる願望実現の秘訣だったりします。そしてこれからはそのような態度が最も効率がよい、いわゆる「ボーナスタイムがやってくる」とお考えください。そのボーナスタイムはもう始まっています。

マイナス思考は脳のクセ

まずは自分の「やりたいこと」を、どんどん書き出してみてください。この時に「だって」とか「でも」とか「そうは言っても」とか、できない理由が浮かんでくるかもしれませんが、華麗にスルーしてください。後述しますが、そうしたマイナス思考は、実はただの「脳の電気信号」であり、脳の「クセ」に過ぎません。そんなものにとらわれるのはそもそもナンセンスです。できない理由を考えるほど無駄な人生の過ごし方はありません。

非常に面白く興味深い実験結果があります。人が指を動かそうとする際に、脳の「動かそう」とする働きを担う部分と、筋肉に命令を出す運動神経が、どんなタイミングで活動をするのかという実験結果です。

米カリフォルニア大のリベット博士の実験によれば、筋肉を動かす運動神経の指令は、「動かそう」と心が意図する脳活動よりも、およそ0・5秒も先でした。私たちは、まず人の心の意識が「動かそう」と決断して、体が動くはずだと思いがちです。しかし、結果は何と逆なのです。自分の意思決定はある意味錯覚に過ぎず、後付けで自分が決めたと認識しているだけだというのです。

慶応大学大学院の前野隆司教授が提唱する「受動意識仮説」では、人間が「私が」と主語で表す「意識主体」は、私たちが通常そう感じているような「能動的な主体」ではなく、「受動的な何か」でしかないのではないかと論じています。「私」は、私の「司令塔」ではなく、私で起こっていることの単なる「観察者」なのではないかというわけです。

ではなぜ、私たちが「能動的な主体」と感じているかといえば、前野教授曰く、経験を記憶していくエピソード記憶を行うためには、エピソードの主語となる主体を必要としたからだとのこと。意識の主体は、私が勝手に動いている結果を、ただ単に観測しているのに過ぎないのに、「私がやった」「私が感じた」「私が思った」と思い込んでいるだけで、それはそうしたエピソードを記憶に留めるためだということなのです。

つまり、思考や感情は脳の電気信号であり、ただのクセだと言えるでしょう。そのクセにとらわれて、人生の選択肢を狭めるようなことをするより、脳のクセを、演算アルゴリズムを変えてしまえばいいのです。

最初は「でも」とか「だって」とか、いろんな言い訳が湧きあがってきますが、それこそが脳の「クセ」であり「脳の中の小人」が自動計算しているだけだと思ってください。

そもそも「自分は何をやりたいのかわからない」といった人もいるでしょう。それはたいていの場合「行動不足」が原因です。これまで自分がやりたいことに意識を向けることなく、何となく受け身で過ごしてきてしまったため、いざ「ご自由に」と言われても戸惑ってしまうわけです。

この場合は、とにかく何でもいいからアクションを起こしてみてください。人のいる場所に出かけてみるとか、休日に自分が好きなことをやってみるとか、どんなことでもいいと思います。そうした動きの中から気づきが生まれたり、先入観が消えたりすることがあり、つまり何でもいいからとにかく行動することで何らかの光明が見えるはずです。

留まっていないで行動することが大切です。昔話のわらしべ長者をイメージするとよいでしょう。行動することで人生の景色が変わり、場面がどんどん展開していきます。

とりあえずこの数年の資産戦略

さてこの大激動期にあって、現金や株式、不動産やゴールド、仮想通貨など多様な資産がある中で、自身の資産を増やすため、あるいは守るために、具体的にどこに、どのような割合で投資をしておけばよいでしょうか。

前述した通り、ここ2～3年程度の金融市場は原則的に、過去20年程度の延長線上にあります。リーマン・ショック前のプチバブルとその崩壊、そしてそれをリカバーする世界的な大規模金融緩和、そして2020年コロナショック後の天文学的な金融緩和の中で、円やドル、ユーロといった通貨の価値が希薄化し価値を毀損させると同時に、株や不動産などの資産が大きく価値を持つといった流れです。

「金融リセット」が起こるまでの数年は引き続き、ますます通貨の価値が下がる、換言すると資産の価値が上がる、といったことが続きそうです。この時、現時点では大幅な円安圏にある為替が円高に反転するようなことがあった場合、1990年型のバブルが発生する可能性があります。

１９９０年型のバブルとは要は、日本の株や不動産など資産市場だけが独り勝ち状態の独歩高、といった状況です。当時は基軸通貨ドルを支えるために１９８５年のプラザ合意によって円高ドル安が決定づけられ、１ドル２２０円程度だったところ一気に１２０円まで円高が進みました。

今回円高になるきっかけや理由は何でもいいと思います。

例えば米国でのＦＲＢの金利下げと同時に、日本での日銀の金利上げが実現するか強く意識された場合、日米の金利差縮小で相対的な米ドルの魅力低下により、円キャリートレードの巻き戻し、あるいはそれを超える円転換が起こるケースです。

転換された円のうち一定量が、株や不動産など資産市場に流れ込むと、それまで専門家が予想してきた範疇を超えた、まさに「想定外」の株高・資産高といった事態が発生する可能性があります。

現時点でこのような話を聞いても荒唐無稽に聞こえるかもしれませんが、１９８５年の時点であのようなバブル発生を想定できた専門家は皆無と言ってよく、それどころか、不景気を懸念したからこそ異例の大規模金融緩和が行われたのでした。だからこそあのようなバブルが発生したわけです。このあたりの経緯については前著『バブル再び　～日経平均株価が４万円を超える日』（小学館新書）に詳細を記していますので、ご確認ください。

そしてこのような事態になると、上昇するのは株や不動産のみならず、絵画や高級車、高級ワイン、高額腕時計なども飛ぶように売れ、その時点での理屈を超えた価格で取引されそうです。ひとつずつ具体的に見てみましょう。

不動産への投資

不動産で言えば、その時点で常識的とされる「期待利回り」をはるかに超える価格で売買されるということです。期待利回りとは次の計算式で求められます。

購入後に期待される賃料収入÷不動産価格×１００

賃料収入が１０００万円の場合、不動産価格が１億円なら、期待利回りは10パーセント、

2億円なら5パーセント、10億円なら1パーセントです。あまりに利回りが低いと投資妙味がなく、割高と判断され、その温度感はその時の他の投資商品と比較した場合のバランスや、不動産市場の中長期的見通しなどによります。

例えば、期待利回り4パーセント程度が適正と思われるケースにもかかわらず、2パーセントでも取引が成立してしまうことがあります。つまり価格が倍になるということです。なぜこのような取引が成立するかと言えば理由は2つです。

1．想定していた賃料収入が上昇すると見込めるから

例えば想定賃料1000万円の不動産を5億円で買えば期待利回りは2パーセントに過ぎませんが「何らかの理由」で想定賃料が2000万円に上がると見込めれば、期待利回りは4パーセントとなります。

何らかの理由とは、例えば次のようなケースです。

「現行賃料が相場に比して低すぎ、賃料アップが見込める」

「リノベーションやコンバージョン（用途転換）など不動産をリフレッシュすることで賃

料値上げが見込める」

「不動産市場の地合いが強いと見て、相場賃料そのものが上昇すると見込める」など。

2．不動産価格そのものが上昇すると見込める

想定賃料には関係なく「何らかの理由」で不動産価格の上昇が見込めるなど。

こうした見立ては、平常時にはそれなりのロジックを組み立てて取引に臨むものですが、市場がバブル期に入ると、それは平常時ではありませんので、カンタンに「論理の飛躍」が起きます。要は「上がるから上がる」とでもいうような、理屈にならない理屈。

したがって「高値で買う理由は何でもいいので、とにかく買ってしまおう。そのためのロジックはこじつけよう」とでもいうような投資行動が行われます。これが1990年バブルやリーマン・ショック前のプチバブル期に発生した投資行動です。

マイホーム市場においては、都心部で価格上昇が著しく買えないとなると、外へ外へ、つまり都市郊外へその食指が伸びるのが常です。1990年バブル期、首都圏で言えば都

心部や東京23区でマイホーム購入は夢のまた夢で、神奈川県・埼玉県・千葉県など都市郊外の、それも主要駅ではないところで、あるいは徒歩圏外における売買が主流でした。バブル後期にはさらに遠く、新幹線による通勤を前提として静岡県、または栃木県・群馬県などでマイホーム購入といった動きも多く見られました。

ただし今回、前述のような90年型のバブルが発生するとしても、かつてのような広がりは到底発生しそうにありません。当時と現在とでは、マイホーム購入ボリューム層の人口が決定的に異なり、バブル当時の半分程度しかいないからです。

特に2020年コロナ禍の緊急事態宣言明け以降、価格が上がりすぎた東京都心部や23区を嫌って、神奈川・埼玉・千葉県へと食指が伸びる傾向は発生したものの、その需要は2023年中盤には一巡しています。今後一段のバブルが発生した場合でも、都市郊外への波及は、利便性の高い地域を除いてほとんどないか、あったとしても限定的でしょう。

一方で都心部マンションなどは、マイホーム購入層とは別の「富裕層」「国内外投資家」の需要が見込めます。富裕層は住宅ローンを組まず現金買いがほとんどで、金利上昇の影響を受けません。また利回りよりも「資産のポートフォリオ」を重視します。現金や株式、債券、不動産などあらゆる資産の中でバランスを取るということです。不動産の価格が上昇すると見込めるかどうかというより、価値保全を目的とするケースが多くなります。

そうなるとその食指はおおむね都心部に限定され、さらに立地重視ですから、物件種別で言えばマンションが主流です。相続税対策として考えた場合でも、日本の税制を考慮すると都心部マンションが圧倒的に有利です。国内外投資家も同様で、基本的に都市郊外での投資行動は行わず、立地重視で都心部のマンションがメインとなります。

こうした向きは、東京都心部が割高だと判断すると、次は都市郊外へ向かうのではなく「名古屋圏」「大阪圏」「広島圏」「福岡圏」「仙台圏」「札幌圏」といった大都市へ向かいますが、その傾向はすでに関西圏、福岡圏などで顕著になっています。

株式への投資

円高に向かうと見るや否や、まだ割安感のある円に換えて、その日本円を使って日本株を買う外国人投資家が先行し、やや後追いで国内の機関投資家、さらに遅れて国内個人投資家のマネーが集まり、株式市場が活況を呈するといったシナリオが考えられます。

まずは日経平均株価に組み込まれるような、誰もが知る大型株の中で、半導体だＡＩだとテーマを探して循環物色。そこに割高感が出てくると、何らかの理由を探して中小型株へシフト。さらに上昇する理由を探して大型株に戻るとでもいったような流れです。

この場合も不動産同様、買う理由は「上がるから買う」といった理由にならない理由であっても、その投資行動を正当化するロジックを無理やりにでも見つけて、創り出して投資するでしょう。バブルに乗り遅れて儲けの機会を逃したら大変ですから。

外国人投資家や機関投資家、一部の個人投資家によって株式市場の熱気が高まれば高まるほど、それまで様子見していた個人も遅れて参戦。経済系の週刊誌では「日本バブル到来！」「バブルに乗り遅れるな！」「今狙い目の株はこれだ！」といった特集が組まれ、ネットでも同様の記事が量産される中で、「投資機会を失うことは損をするのと同じ」といった恐怖感や「儲けたい」といった欲をくすぐられて参戦、といったこれまで何度も繰り返されてきた流れです。このタイミングになるとバブル終焉の足音が聞こえてきます。

ゴールドへの投資

ゴールドはこのところ過去最高値を更新し続けていますが、実はこれはちょっと不思議なケースです。というのも、主要国の金利が上昇すると、収益を生まないゴールドの魅力は相対的に薄れるためです。

ゴールドはあくまで「有事の金」とされ、例えばハイパーインフレに見舞われるとか国家財政破綻するとか、経済金融市場の異常事態に備えるといった位置づけのものです。これが上昇し続けているということはもちろん「有史以来最大の金融緩和の影響」と、もしかすると「そこはかとない現行金融システムへの不安」を示しているのかもしれません。

いずれにせよ日本だけがバブル化する場合、他主要国の不安はぬぐえないわけですからゴールドは選好されがちとなり、ここから大きく下がることは考えにくいと思います。ただ、明らかに儲かる（と思える）日本株や不動産と比べると、相対的な魅力は薄れるように見えるかもしれません。

金融システム不安のピーク時には大きく上昇する可能性もあるでしょう。いずれにしてもゴールドはあくまで「有事」のものですから、そんなに多く抱えるものではなく、せいぜい全資産の5~10パーセントでいいのではないでしょうか。

私は「金貨」をそこそこ持っています。その理由はたんに「美しいから」と、もうひとつは社会システムが一時的にでもストップし、流通システムが滞った際に、金貨と水や食料が交換できるといった万一の可能性を考慮してのことです。金の延べ棒では、水や食料と交換するには過大でしょう。

なおゴールドそのものの市場価格に連動して値動きをする「金ETF」は、保有していません。なぜなら「手元にないと困るから」です。現物と交換可能としているETFでも、社会的混乱・混沌の中で手続きに時間がかかったりすれば、自分が求める機能とは相いれないからです。

仮想通貨への投資

1990年バブル期やリーマン・ショック前のプチバブル期には存在しなかった、新しいカテゴリーです。仮想通貨こそ、文字通り「仮想」であり実体はなく、価値の裏付けもないものですが、近年では大きなパフォーマンスを実現しています。

2017年12月に代表的な仮想通貨であるビットコインの価格が235万517円を一時記録したあと、2018年に入ると急落し、1月16日には最高値の40%以下まで暴落しました。ところが「仮想通貨バブル崩壊」かと思われた時期もなんのその。2024年は800~1000万円といった水準で、かつてバブルと言われたころの4倍程度となっています。

この理由にはやはり「大規模な金融緩和によるカネ余り」や「仮想通貨そのものの認知度」「取引所の制度整備」「ETFの承認」などが考えられますが、最も大きいのは「金融システム不安」なのかもしれません。

日米欧の壮大な金融緩和によってマネーの価値が希薄化し、BRICSの台頭で米ドルが基軸通貨の座を追われつつある中、「現行金融システムからの逃避先としての仮想通貨」といったニュアンスを帯びているように見えます。

ハイパーインフレに苦しむジンバブエでは、仮想通貨は身を守るための貴重な手段となってきました。またエルサルバドルでは2021年、ビットコインを法定通貨として導入しています。自国通貨の信用がない国では、ビットコインの方が信頼性が高いためです。

また中国など海外送金に規制のある国では、ビットコインに換えて送金するといった事態が起きてきたため、当局が規制を強めてきた経緯があります。金融緩和が続いているうえ、世界の金融システムが不安をぬぐい切れない以上、こうした状態は続くでしょう。

最大で1500種類以上あったとされる仮想通貨も、価値を持ち続けるのはビットコインやイーサリアム、リップルといった代表的なものに限られると思います。

しかし仮想通貨もやがてある日「一瞬にして無価値化」するといった憂き目にあう可能性があります。理由は前述した通り「価値の裏付けがないこと」。さらには、昨今の仮想通貨はマネーロンダリングのツールとして利用されている側面もあり、当局に目をつけられればどうなるかわからないといった危険性を孕(はら)んでいるためです。次世代金融システムを走らせるにあたっては、補足できない資産の動きはできる限りふさいでおきたいところではないでしょうか。

その他資産への投資

「絵画」「高級車」「高級ワイン」といった資産も引き続き、価値を維持ないしは上昇の可能性が高いでしょう。日本国内においてはバブル感の中で、他国においては金融システム不安や自国通貨に対する不安などから選好されるというわけです。

そして金融リセット後も、大きく価値を毀損することはないと思われます。理由は前述した「ベーシックインカム組」「自分で稼ぐ組」「資産保有組」に所得手段が分かれる中、こうした資産はとりわけ富裕層に重宝される部類に入ると思われるためです。ただしこうした資産にも「三極化の法則」が働くことには注意が必要です。

個人的なことを言えば、資産の大半は「金融リセット後も中長期的に成長の見込める配当株」に投資しています。配当は使わずに株に再投資し、雪だるま式に資産を膨らませるといったいわゆる「雪だるま投資」です。

「複利効果」というのは侮れません。複利効果とは、運用で得た利益を再び投資することで、利益が利益を生み資産が増えるというもの。例えば5パーセント配当のある株に10

00万円を投資すると、年間50万円の配当金が入り、税引き後の手取りは40万円です。この40万円を再投資すると、翌年には1040万円に対する配当金の手取り約52万が入ってきます。これを繰り返していくと10年後の元金は1420万、20年後には2100万円、30年後には3110万円となります。ただほったらかしておくだけで、足し算ではなく掛け算で増えていくのです。本書は株の指南書ではありませんので、具体的な銘柄選びは割愛します。

他にはもちろん本業の国内海外不動産、ゴールド、ベンチャー企業への投資、そして自身が創業した企業への投資の他、高級車に投資しています。具体的には「ポルシェ」です。高級車と言えばフェラーリやランボルギーニ、マセラティ、アストンマーチン、ベントレーなどいろいろありますが、私の場合はポルシェ一択で今のところ4台保有しています。理由は「好きだから」。何と言っても何十年も変わらぬ独特のスタイルや「走る、曲がる、止まる」といった基本性能にとことんこだわる哲学が好きなのです。

アタマで、理屈で考えて、好きでもないのに「上がりそうなものに投資する」といったやり方は、私はあまり好みません。自分が好きで、利用することもでき、かつ資産保全もできるといった投資を心がけています。

本来的な投資というのは「応援・支援」といった側面があるはずです。例えば株式投資でも、その企業を応援したいから投資する方が楽しいですし、お金を払って財やサービスを買う場合でも、そこには、その企業を応援するといった側面があるはずです。

人やコミュニティへの投資

ここまでは「有形資産」への投資ですが、今後重要視されるのが「無形資産への投資」です。米ハーバード大学の75年間にわたる追跡調査によると、人間の幸福や健康は、年収、学歴、職業と直接的には関係なく、関係があったのは「よい人間関係」だったそうです。

これは指摘されるまでもなく多くの人が実感していることでしょう。

あなたの周囲には、金銭的・社会的には成功しているのに全く幸せそうでない人もいれば、お金とは無縁でもとても楽しそうな、幸せそうな人もいるのではないでしょうか。そこでカギになるのが「人間関係」というわけです。

人間関係というとこれまで考えられるのは「家族」「親戚」「学校時代の友人」「職場の

上司・同僚・後輩」などですが、これから起きる社会の大変革では、こうした既存のコミュニティにも変化がありそうです。

まずは「家族」のあり方。これは実は日本の「戸籍」の歴史とも深くかかわり、その歴史は長いのですが、近年で言うと1898（明治31）年に明治民法が施行され「家制度」が確立した影響が今も残っています。その趣旨はかんたんに言うと「人は全ていずれかの〝家〟に属し、家の統率者である戸主に従う」というもの。

家制度は当時の結婚の形を象徴するものでした。現代においても「○○家に入る」「家業を継ぐ」など「家」の意識は残っています。家制度の主な特徴は次の通りです。

「家族は戸主の命令・監督に服従する」
「家の財産と戸主の地位は、原則として戸主の長男が継ぐ」
「家族は戸主の同意がなければ結婚できない」

戦前までの結婚は「妻が夫の家に入って子供を産み、夫の家を存続させること」が主な目的でした。そして何と明治民法で妻は「無能力者」と規定され、夫の許可がなければ働けず、土地の売買や借金などの契約を結べなかったのです。

１９４７年（昭和22年）に「家制度」は廃止され「夫婦には同等の権利・義務がある」と定められました。妻の「無能力者」の規定も廃止されました。

こうして戸籍は「家単位」から現在の「夫婦と子供単位」に変わりましたが、現代においてもいまだ明治以降の風潮は残っています。しかしこの制度も近年では「選択的夫婦別姓」「同性婚」など、旧来の枠を超えたテーマが勃興するとともに「一人で生きることを選んだ人へのサポート」、ひいては「主人」「嫁」といった代名詞のあり方に至るまで、幅広い議論がなされています。

「大きいものから小さいものへ」
「重いものから軽いものへ」
「マクロからミクロへ」

といったトレンドを前提にすれば、従来型の「家族のあり方」はもちろん「親戚縁者」との関係性も名実共に見直される可能性が高いでしょう。「結婚」といった選択肢を取らず、法によらない「パートナー」といった関係性を選択する人も、そもそもそうしたこと自体を選択せず、形式的には「一人で生きていく」という選択肢もすでにあり、今後ますます増える可能性が高いと思います。こうなると「家族」「戸籍」「主人」「嫁」といった従来のくびきから解き放たれ、より自由度の高いあり方があたり前の社会となります。

「学校時代の友人」も年功序列・終身雇用が崩れる中では、一昔前ならほぼ同質であった収入や仕事との向き合い方、ひいては人生の価値観も多様化し、場合によっては全く話が合わないといった事態も容易に想定できます。その関係性は大きく変わるのではないでしょうか。

「職場の上司・同僚・後輩」も働き方が変わる以上、同様です。滅私奉公のようにイヤな上司に仕える必要もなく、同僚もその価値観は多様です。

こうして既存のコミュニティは、その定義もあり方も、溶けていきます。そこで、次の時代に必要となりそうなのが「新しいスタイルのコミュニティ」。既存の枠組みが取り払われた後、あるいはそのプロセスで、私たちはなお「よりよい人間関係」を求めるのではないでしょうか。

価値観でつながるコミュニティの誕生

しかしそもそも、他者と「よりよい人間関係」を結ぶにはどうしたらよいのでしょうか。重要なのは「互いの価値観を尊重しあえること」だと思います。ですからもちろん従来型の家族や学校時代の友人、職場の人間関係でそれができればよいのですが、こうしたくくりは古い価値観を引きずっている場合も多く、何より人は、時間の経過とともに成長し、価値観もどんどん変化していきます。

旧来のくくりでその変化を許容できるでしょうか。それが可能なケースもあればそうでないこともあるでしょう。したがっておそらくそこにはかなりのフレキシブルさが求められるのではないかと思います。

そのような中、求められるのは「価値観でつながるコミュニティ」であると筆者は考えます。社会制度や境遇でくくられたコミュニティではなく、年齢や性別、地域・国籍などあらゆる枠を超えて、同じような価値観を持つ人同士で集まると、単純に楽しいのではないでしょうか。

インターネットが普及し、一人1台スマホを保有する現代ならそれが可能です。普段はオンラインで緩やかにつながっておき、SNSなどを通じてテキストや通話などでコミュニケーションを取りながら、機会があれば集まってやり取りができます。価値観の通じるもの同士のやり取りは楽しいに決まっています。前述した米ハーバード大の研究の通り、これは幸福感や健康の醸成にもつながります。

さらに天災地変などの非常時には、相互の協力体制も築けるでしょう。例えば北海道で天災地変があった時、他の地域から仮住まいの提供や物資の援助が得られるなど、「災害レジリエンス」を高めるでしょう。災害レジリエンスとは「災害が起きてもそこからしなやかに復興できる力」のことです。国や自治体の災害対応がままならなくとも頼れる民間の力と言えます。それも、平常時から価値観でつながっているからできることです。

また、相互に「モノやサービスのやり取り」もできるでしょう。例えば東京の人が九州に旅行に行きたくて宿泊先を探す場合、知らないところに泊まるより、普段からコミュニケーションを取っている、価値観の合う人が宿泊施設を持っていれば、そこに泊まる方が安心できるし楽しめると思います。食材を買う場合でも、価値観を共有できた仲間から買う方が楽しいのではないでしょうか。無形のコンサルティング業など広義のサービス業においても同様です。

デジタル縄文Village

そのような推定のもと、筆者は「デジタル縄文Village（ビレッジ）」といったコミュニティにかかわっています。このコミュニティは、筆者のYouTube『長嶋 修の日本と世界の未来を読む』の視聴者であることがきっかけとなってスタートしたもので、筆者が発信する価値観に同調・賛同する人たちが集まってできたものです。とはいえ筆者の発信はあくまできっかけに過ぎず、有志によって主体的に運営されています。

普段はDiscord（ディスコード）といったコミュニケーションアプリを主とし、LINEグループやFB（フェイスブック）グループを補完的に使いつつ、たわいもない話、趣味の話、経済・金融、仕事やライフスタイルなどあらゆる分野における意見交換を行うなどしています。また時にはリアルなオフ会で懇親を深めたり「ツーリング」や「畑の収穫祭」「ヨガ教室」など、多くのイベントが思い思いに催されているようです。それもこれも最初に「価値観でつながっているからこその楽しさや喜び」があります。

全貌は把握できませんが、今、同様のコミュニティが国内外の各方面で立ち上がっている、あるいは立ち上がりつつあるようです。

本コミュニティに属するメンバーに、リアルで、またはオンラインで意見を聞くことが多いのですが、主流なのはやはり「価値観でつながれるので話が早い、楽しい」といったニュアンスの感想です。中でも興味深いのは「このコミュニティでは本当の自分でいられる」といった声。これは言い換えると「普段の自分は、本当の自分ではない」と言えるわけですが、すなわちそれは、「社会に当てはめられたペルソナを被っている」ということなのだと思います。例えば「夫や妻としての私」「高学歴・低学歴の私」「とある組織の一員としての私」など。

誤解していただきたくないのは、いわゆる現実からの逃避として、何やら後ろ向きに本コミュニティが求められているわけではないこと。現状は受け入れしっかりと生きつつ、さらに新しいあり方を模索したいといった能動的な、建設的な姿勢で参加している人が大半だということです。このあたりの温度や価値観については日ごろから当方で発信している価値観や、モノの見方・考え方に賛同している人の集まりだから成立することです。

突出したリーダーを創らない

そうはいっても、人が集まるといつの間にか、時間の経過とともに「このコミュニティはなぜやっているのか」とか「ここで大事なことは何か」といった「そもそも論」がどこかに飛んでいきがちです。そこで本コミュニティではやはり有志が中心となり、みんなの総意で、コミュニティの「理念」「ミッション」「ビジョン」「バリュー」を設定しています。何やら会社組織のようですが、これには目的が2つあります。

1つは、コミュニティの価値観や目的を見失わないこと。大事にしている価値観をいつでも共有しておくためです。

もう1つは、突出したリーダーを創らないこと。既存の価値観体系が崩壊し、従来型のピラミッド構造が崩れる中で、別途で新規のピラミッド構造を創るのはナンセンスだからです。特定の個人がトップに立つのではなく「価値観を中心に据える」のが重要です。
こうした組織では「誰が言っているか」より「何を言っているか」が大事であり、「誰がやっているか」より「何をやっているか」が重要視されます。標榜するイメージとしては「デジタル縄文Village」の名の通り、テクノロジーを有効活用しつつ、縄文的な、上下関係や偏見・区別・差別もないコミュニティといったところです。
以下に本コミュニティの「理念」「ミッション」「ビジョン」「バリュー」を記します。

【デジタル縄文Village】

Philosophy　理念
古きを尊び、新しきを受け入れ、本来の自分と出和う（であう）

Mission　存在理由・存在目的・最終目的
大変革期の後の循環型経済ひな形づくり

Vision　あるべき姿・創りたい世界観

縄文と文明を和える次世代集団（スイミー）

Value　大切にしたい価値観

【自律分散型組織】個が自律し、フラットな円型組織へのチャレンジ

【ギフトサイクルの輪】得意の共有から出す循環と返ってくる体感

【5方良し（自分、他者、社会＋α）】自分の存在する世界につながる活動

【和える】物質的・精神的、右脳・左脳のバランスを和える

【会える】共通の価値観を持った仲間と会え

【デジタル縄文Village】の理念

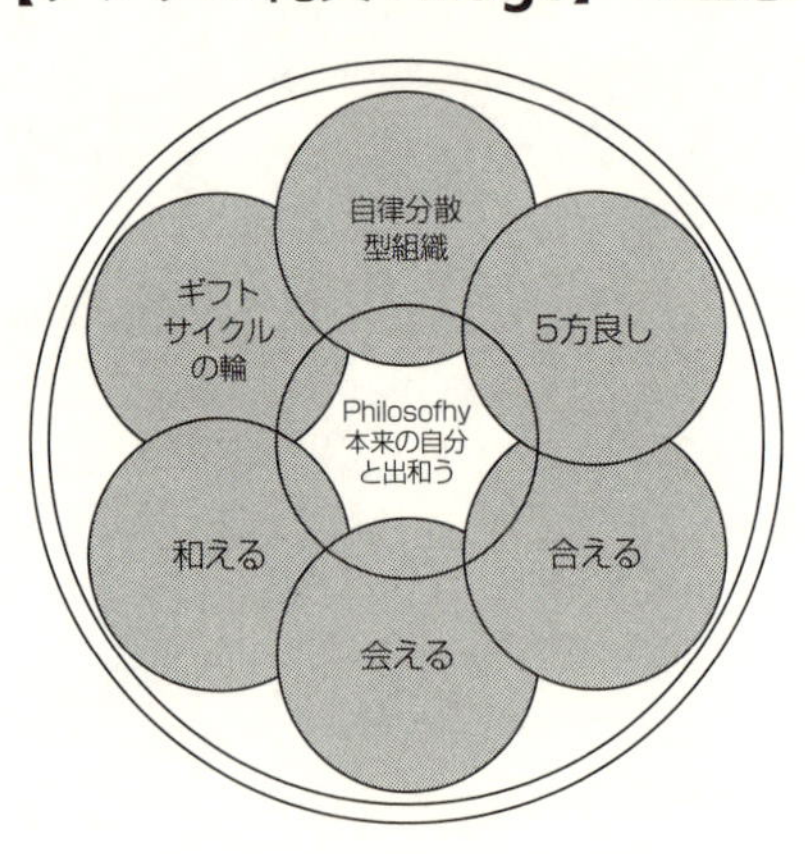

る

【合える】本来の自分と、現在の自分を合える

今後予定しているのは、お互いの財やサービスを交換できる場を提供すること。流通・決済手段として独自の通貨を発行することなど。2020年中盤から何となく始まり、2300名ほどが登録する本コミュニティがこれからどう育っていくのか、筆者も非常に楽しみにしながら、その一員として参画しています。

本コミュニティはあくまで一つのあり方であり、これが絶対的な正解とは考えておりません。今後たくさんの、多様な価値観を持ったコミュニティが生まれると面白いなと、期待しています。人によっては、複数のコミュニティに参加していたり、一度は離れてもまた戻ってくることも可能にしておくなど、フレキシビリティのある状態にしておきたいところです。

まずは筆者のYouTubeをのぞいていただければ、どのような価値観を、どの程度の温度感で発信しているかおおむねご理解いただけるかと思います。「デジタル縄文Village」へ

の入り口は各動画の概要欄に記載してあります。

自分への投資

ＡＩ化やロボット化などテクノロジーの進展で多くの労働が不要となり、ベーシックインカム的な制度である程度の生活が送れる状態にあっても、自身が提供する財やサービスで「もっと稼ぎたい」「多くの人や社会に貢献したい」といった場合に求められるものは何でしょうか。

これは前述した通り「テクノロジーに代替できない仕事」ということになるでしょう。もちろん業種によりけりですが、業種・業態により最終的に残るのは「最大15パーセント程度」「最少で2〜3パーセント程度」となるものと想定しています。それでは、この狭き門をくぐりぬけ、お金を払ってでも求められる財やサービスを人間が提供するにはどうしたらいいのでしょうか。

これは、何も奇をてらったことをする必要はなく、王道を歩むことです。地道に自身を成長させ、能力を高めることです。

例えば不動産業の場合、不動産のことだけでもたくさんの知識が必要ですが、それだけでは足りず「建築」「都市計画」「経済・金融」「政治」「歴史」「哲学」「宗教」「科学」などなど、挙げればきりがありませんが、広範な知識や見識が求められるでしょう。いわゆる「リベラルアーツ」です。

リベラルアーツとは、古代ギリシャや古代ローマで誕生した「自由人にふさわしい学芸」を意味する教育理念です。当時の自由人は、特定の職業や専門分野にしばられることなく、幅広い知識を身につけることが求められました。幅広い知識を身につけることで、物事の見立ても多角的になります。Aという知識だけの人と、A・B・C・D・Eの知識を持つ人ではどちらの問題解決能力が高いのかは、言うまでもありませんね。

さてこういうことを申し上げると「勉強がタイヘンだ」とか「覚えるのがニガテ」「自分にはムリだ」といった声が聞こえてきそうですが、大丈夫です。これまでの学校教育は、主に「暗記力」を競う「偏差値教育」が中心でした。つまり、あらかじめ決まっている答えを導き出す教育です。

ところが現実社会で直面するのは、答えのない問題や課題です。もちろん偏差値は低いより高いに越したことはないのですが、それは尺度の一つに過ぎません。

私の経験では、超高学歴でもゼンゼン仕事ができない人、学歴は低いのにものすごく仕事ができる人と、数多くの仕事を共にしてきました。知識は身につけることが目的ではなく、ものの見立てを多面的にし、問題・課題解決能力を高めるために必要なのです。偏差値や知能指数は、必ずしもというか、ゼンゼン仕事の出来・不出来とは比例しないのです。

さらに重要なのが共感力や直感力、行動力などを源泉とした「トータルでの人間力」。いくら偏差値・知能指数が高くても、人の痛みがわからない、共感できない人では難しいでしょう。またビジネスのアイデアが浮かぶとか、ふいに解決策がひらめくといった直観力が高いことも重要です。そしてそれを具体的に行動に移して初めて結果が出るわけです。

勉強といえば小学校から中学校、高校、大学、大学院くらいまでをイメージしますが、人生は「一生勉強」です。筆者の経験で言えば、同じ学校の卒業生が社会に出た場合、勉強を続けている人と勉強をしていない人では、20歳代ではそんなに差はつきません。ところが30歳代となると如実に差がつきだし、40歳代となると決定的な差となります。50歳代ではお互い話も通じなくなり、実際に置かれている境遇も全く異なります。

なぜこのようなことが起こるのでしょうか。そこには「複利効果」が働いているからです。

複利効果とは、前述したように本来は経済用語で、運用で得た収益を元本にプラスして再投資することですが、これが勉強にも同様に当てはまり、思いのほか成長の効果が大きいのです。例えば現在の自分を1とし、今日1日で1パーセント成長したとします。すると翌日は1・01の自分です。そしてまた1パーセント成長します。これを365日、1年間繰り返すと、元の1だった自分はなんと37・78となっています。これを、5年、10年と続けた場合、成長は目も眩むほどの青天井。ドラゴンボールに出てくる、戦闘力を図るスカウターも吹っ飛ぶ勢いですね。

直観力を磨く

「日々の地道な努力の継続」こそが成長の源泉です。もっとも、どんどん成長していく人は、はたから見るほど努力しているつもりがないと思っているケースが大半だったりします。なぜなら、成長できる人は、何も歯を食いしばって必死に頑張っているわけではなく、ただやりたいから、好きだから、楽しいからやっているのです。

つまり「義務」でも「他者との競争」でもなく「ただただ好きだから」といった思いを源泉として成長し続けられるのです。「好きこそものの上手なれ」とは本当によく言ったものですね。これまで仕事といえば、生きていくためにお金を稼がなければならないといった必要から、必ずしも好きではない、やりたくもない仕事をしてきた人も少なくなかったというか大半のケースであったことと思いますが、そうした労働はもう不要です。

「共感力」を磨くには「感性」が豊かであることが大事で、文学作品や映画、絵画など多くの芸術に触れるのもよいでしょう。

また、本来誰しもが持っているはずのところの「直観力」は、それを使っていない、つまり封印されているケースが大半です。例えば「○○な気がする」みたいなことを思うとき、それをたんに気のせいだと思うのか、その通り行動してみるのか、といった些細なことの積み重ねが、直観力を引き出すコツだったりします。

「直観力」とは「積み重ねてきた経験則を瞬時に引き出す能力」であり「思ったことを、人目を気にせず即座に実行に移す行動力」です。せっかく働いた直観力も、周囲にどう思われるかとか、億劫で行動できないなどを理由に活かせないでいると、どんどん鈍ってきます。

あれこれ理屈で考えず、言い訳せず、どんどん行動していくことです。するとあたかもわらしべ長者のように、行動した先に、それまでは想像だにできなかった新しい場面が展開されたりします。こうして、自身の直観力を源泉として、自分の力で局面を次々に進めていくことができると、人生は大きく動き始めます。

自分自身をジャッジしない

そして、何より決定的なことがあります。それは「自分のことが好き」かどうかということです。意識的にも無意識的にも、自分が自分自身を嫌っていると、能力を発揮できないどころか、そもそもそうした人間は、はたから見て決して魅力的ではありません。

皆さんの周りにもいませんか？　その人がいるだけで周囲がパッと明るくなったり、場の空気が心地よくなったりする人が。そういう人は例外なく「自分のことが大好き」だったりします。

人は無意識に「自分自身をジャッジ」しています。自分の好きなところは「よし」とし、そうでないところは「ダメ」の烙印を押し、そこにコンプレックスを持っていたりします。これは大げさに言うと「自身を切り刻む自傷行為」のようなものです。そしてその自己認識で、人や社会を見るため、人のダメなところや社会のダメなところがことさら目につくわけです。元は自分自身から始まった「ジャッジ」や「分断」は、この際、やめてしまいましょう。

確かに、例えば偏差値50より60の方が、60より70の方がいいに決まっています。中卒より大卒の方が、Fランクと言われる大学より東大、京大の方が、大卒より大学院卒の方が、しがない中小企業より、名だたる大手企業の方がいいに決まっています。背が低いより高い方が、太っているよりスレンダーな方が、イケてないよりイケメンの方が……、ときりがありません。

しかしこうした「相対的な物差し」は、あくまでただの物差しであり、それ以上でも以下でもありません。「相対性のワナ」には決して陥らず「絶対的」に自分を愛しましょう。自身を特定の物差しにおける「ピラミッド構造」の中に当てはめると、他者もそのピラミッド構造の中に存在させることとなり、社会全体がピラミッド化します。

世に存在するピラミッド構造も、自身の劣等感も、他者の悪いところが目につくのも、社会のおかしいところも、結局は自身という映写機の投影です。こうした世界観はもう古いでしょう。自分自身は、よいところも悪いところも全部含めて、愛されるべき存在であると定義づけましょう。イメージで言えば仏教の「曼荼羅（まんだら）」のような、あるいはレオ・レオニの絵本『スイミー』のような世界観です。

ペットを飼っている方にはご理解いただけると思いますが、うちの飼い犬のチャイ君（チワワ）は、決してイケメンではないし、わがままであんまり言うことを聞かないし、芸もろくすっぽできず、飼い主に隠れて何かいろいろいたずらしますが、そうしたところも含めて手放しでかわいい、愛すべき存在です。

私たち一人ひとりも本来はそうした、丸ごと愛されるべき存在に決まっています。自分を許し、受け入れている人は、人を認めることができ、それが結果としてその人の人間的魅力となります。

天災地変に備える

歴史を振り返れば、「大激動期」には「天災地変」がつきものです。

これは、科学的な証明には至っていないものの、この世がフラクタル構造になっており、全てが相互に連関していると仮定すれば納得がいくことかもしれません。世の中や人心が荒れるから天災地変が起きるのか、その逆なのか、因果関係ははっきりしませんが。

事例を挙げればきりがありませんが、私が大激動期に突入したと見る２０２０年の前年（２０１９年）には台風15号と19号が関東地方を中心に大きな被害をもたらしました。

２０２４年１月１日には能登半島地震で大きな被害が出て、翌２日には羽田空港で飛行機の接触事故が起きるなど２０２４年は波乱の幕開けとなりましたが、何かを示唆しているのでしょうか。

また昨今は太陽活動も活発化し、太陽の表面で大爆発が起きる「太陽フレア」が何回も発生しています。５月８日以降に最大規模のXクラスのフレアが９回確認されました。５月11日には日本各地でオーロラが観測されるという珍しい現象が起こりましたが、これも太陽フレアに起因するものです。

電磁波や高エネルギーの粒子、電気や磁気を帯びたガスが地球に到達すると磁場に影響を与え、人工衛星やGPSなどが乱れ「停電」や「インターネットの不通」で、電気はもちろん、ガスや水道、通信などのインフラが使えないとか、飛行機やカーナビが使えないといった事態も容易に想定できます。

おそらくこうした事態に国が対処できることは、警告を発する程度のことでしょう。電磁波などが地球に届くまでの時間を活用し、想定される影響について「宇宙天気予報」として発信されてはいるものの、名古屋大の池内了名誉教授（宇宙物理学）は、「起きてみないとわからないのが実情。太陽フレアそのものを事前に察知するのも難しい」と述べています。

また恒星物理学が専門の京都大学・野上大作准教授によれば「スーパーフレアが起これば、地球文明が甚大な被害を受ける可能性がある」と警告を発しています。これは科学的に証明されていないあくまでも筆者の推測ですが、スーパーフレアは、天災地変やそれに伴う災害を惹起する可能性があるのではないでしょうか。

筆者がもう一つ気になっているのは、スーパーフレアが私たちの人体にも何らかの影響を与えるのではないかということです。というのも、「太陽と地球の関係」は、原子核の周りを電子が周回する原子構造に酷似しています。となると人体をはじめとするあらゆる構造に何らかの変化が起きる可能性があるのではないでしょうか。これがどのような症状をもたらすかは全くの未知数で、そうなると備えようもないのですが、それでも今できることは、「常に平常心でいられる自分を作っておくこと」でしょう。

そもそもスーパーフレアの影響の有無にかかわらず、普段から一定の災害対策は必須です。一定の食料や水、電源をはじめとする災害関連グッズの備えはしておきましょう。例えば食料や水は3日分か7日分か、あるいはもっとか。その分量については各自の判断です。また地震や水害の際の避難場所や家族との連絡方法など、事前に確認しておくことは多いと思います。何もなければそれでよし。

天災地変が発生しようが金融クラッシュが起きようが、どんな時でも自分を見失わず、冷静沈着に行動できる自分を作っておくことです。その裏付けの一つとして、具体的な災害対策関連グッズの準備をしておきましょう。

そして何より大事なのは、常日ごろのご自身の心のあり方であることを忘れないでください。

おわりに

２０２０年のコロナ禍でスタートした大激変期。これからさらに進行するであろう既存のあらゆるピラミッド構造の解体・溶解・消失。また既定路線と言ってよい金融リセット。そして同時期に重なる可能性が高い天災地変など。社会全体が不安や恐怖に見舞われ、人心が荒れるといった事態も予想されます。しかしそれは、本文で示した通り、来る新時代を迎えるために通り過ぎるべき「冬」であり、必ず「春」はやってきます。

自身33冊目の節目となる本書は、筆者にとってもこれまでの自身の人生の集大成のような位置づけです。もちろん紙幅に制限がありますので、全て詳細に語ることはできずトピック的に要点をかいつまんだ形になっている感は否めません。

詳細をお知りになりたい方は筆者のYouTube『長嶋 修の日本と世界の未来を読む』をご覧ください。無料でご覧になれる動画では、YouTubeの規定に引っ掛かりアカウントがＢ

ANされないであろう範囲の中で、本書でお示ししたような持論を展開しております。

有料のメンバーシップ動画では制限が全くかからないようで、踏み込んだ言論を展開しています。そこで標榜しているのは「誰でも未来予測ができる」です。実際、未来予測はそんなに難しいものではなく、正しい現状把握と歴史認識があれば、明日の株価や為替といった細かいことはわからなくても、おおむね時代はこれからどうなりそうか、したがって自分はどう考え、どう行動すればよいかがわかり、地に足がついた状態となります。

特に「歴史認識」「金融経済システム」については、学校で教えられてきたこと、メディアで語られてきたことはいったい何だったのだということがわかります。映画『マトリックス』に登場するモーフィアスのセリフ「現実とは何だ？」を思い出すかもしれません。

小さな「思い込みの箱」から抜け出し、自由になってください。ただし自由には責任が伴います。やはり映画『マトリックス』で主人公のネオは「現実に目覚める赤いピル」と「そのまま仮想世界で生きる青いピル」のどちらを飲むか選択を迫られますが、本書は「赤いピルを飲みたい人向け」と言えるでしょう。あるいは映画『トゥルーマン・ショー』の主人公のように、自分が箱庭の世界の住人であったことに気づきたい人向けです。

ご縁があって本書を手に取ってくださった皆様には、ぜひ健全な範囲での危機感を持っていただくと同時に、建設的な思考と行動でどんな事態も乗り切っていただき、やがて訪れる春を笑顔で、一緒に迎えることができたらいいなと思います。２０２４、２０２５、２０２６年が大変革の山場で、２０３０年にはすっかり落ち着き春を迎えているはずです。

本書の中身は、およそ「不動産コンサルタント」の肩書を持つ筆者が述べるべきではないようなトピックが満載ですが、それを許してくださった小学館、そして出版局の木村順治さんには、心から感謝申し上げます。このような書籍が出せること自体が、大きな社会の変革期を迎えている証左とも言えるでしょう。

これまで筆者にかかわってくださった全ての方に感謝を。そしてもちろん、本書を最後までお読みくださったあなたにも心よりのお礼を申し上げます。ありがとうございました。

佳き人生を♪

２０２４年８月末日

長嶋　修

長嶋 修［ながしま・おさむ］

1967年東京都生まれ。不動産コンサルタント。さくら事務所会長。NPO法人日本ホームインスペクターズ協会初代理事長。国交省・経産省の様々な委員を歴任。YouTubeチャンネル『長嶋修の日本と世界の未来を読む』では不動産だけではなく、国内外の政治、経済、金融、歴史などについても解説。広範な知識と深い洞察に基づいた的確な見立てが注目を集めている。マスコミ掲載やテレビ出演、講演等実績多数。著作に『不動産格差』（日経新聞出版）『バブル再び　～日経平均株価が4万円を超える日』（小学館新書）など。

編集：木村順治（小学館）

グレートリセット後の世界をどう生きるか
激変する金融、不動産市場

二〇二四年　十月六日　初版第一刷発行

著者　長嶋 修
発行人　石川和男
発行所　株式会社小学館
〒一〇一－八〇〇一 東京都千代田区一ツ橋二ノ三ノ一
電話　編集：〇三－三二三〇－五六五一
　　　販売：〇三－五二八一－三五五五

印刷・製本　中央精版印刷株式会社

Printed in Japan ISBN978-4-09-825476-7

小学館新書
好評既刊ラインナップ

グレートリセット後の世界をどう生きるか
激変する金融、不動産市場　長嶋 修 476

あらゆる資産が高騰を続ける「令和バブル」。私たちは現在、歴史的な大転換期「グレートリセット」のまっただ中にいる。不動産市場、金融システム、社会がどう変化していくのか。激動期の変化を読み、未来への布石を打て！

ヒット映画の裏に職人あり！
春日太一 478

近年に大ヒットした映画やテレビドラマには、実は重要な役割を果たしているディテールがある。VFX、音響、殺陣、特殊メイクなどを担う“職人”12人の技術と情熱を知れば、映像鑑賞がもっと面白くなる！

フェイクドキュメンタリーの時代
テレビの愉快犯たち　戸部田誠（てれびのスキマ） 479

嘘を前提に事実であるかのように見せる「フェイクドキュメンタリー」が人気だ。ブームの端緒であるテレビ番組の制作者への取材を進めると、万人向けを是とする価値観に対して静かに抗う、愉快な闘いが露わとなった。

権力の核心　「自民と創価」交渉秘録
柿﨑明二 480

戦後の日本政治を支配してきた自民党と、戦後最大の新宗教団体となった創価学会。公明党という媒介の陰で両者がどんな関係を結んできたのか。菅義偉政権の首相補佐官を務めた著者がその知られざる関係を明らかにする。

宋美齢秘録
「ドラゴン・レディ」蔣介石夫人の栄光と挫折　譚 璐美 463

中国・蔣介石夫人として外交の表舞台に立ち、米国を対日開戦に導いた「宋家の三姉妹」の三女は、米国に移住後、大量の高級チャイナドレスを切り捨てて死んでいった――。没後20年、初めて明かされる“女傑”の素顔と日中秘史。

縮んで勝つ　人口減少日本の活路
河合雅司 477

直近5年間の「出生数激減」ペースが続けば、日本人は50年で半減、100年後に8割減となる。この“不都合な現実”にわれわれはどう対処すべきか。独自の分析を続ける人口問題の第一人者が「日本の活路」を緊急提言する。